"プラスアルファ"の学びで楽しく長く続けてほしい

書家／書道師範

寺西葉雋

東京・神楽坂にある書道教室「アトリエ カッコ」。その名になごりをとどめるとおり、アート書や文字と絵の融合したワークショップがルーツだ。講師の寺西葉雋（ようしゅん）さんは、日本語学校や専門学校での教員の経歴があり、現在でも筆文字のロゴやデザインを手がける。多彩な活動の根底には、他方で、子どもの頃から一人の先生に師事し研鑽を積み続けた、揺るぎない書の道があった。しっかりした書き方を身に付け、美しい文字を書けるようになるのはもちろんのこと、「書を愉しみ、和文化に遊ぶ」のコンセプトのもと、書道プラスアルファの学びにつなげようという寺西さんの思いを聞いた。

（取材／本誌　今井　司
写真／佐々木辰之）

JN025790

お題を書き上げて次々と見せにくる子どもたち。寺西さんが朱墨で添削をする間も、後方からひっきりなしに「せんせーい」と声がかかる。手を動かしつつも、子ども同士でお喋りに興じる姿もあり、"書道教室"としてはかなり賑やかな、そしてアットホームなレッスンだ。

もちろん度が過ぎれば叱ることもあるし、やり取りの中で単語ではなく文章で語ることや言葉を大切にすることを気づいてもらうことを意識して注意もするというが、決して押さえつけることはしない。お手本に忠実にきれいに書く（＝「習字」）だけではなく、子ども本来の個性を生かしてこそ「書道」だと考えているから。お喋りも個性の発現の一つというわけだ。とにかく「字を書くのが好き」で初めて来たときに「好きな字を書いてごらん」と促され「親鸞」と書いたという小2の女の子、歴史の雑学を語りだす小4の男の子など、メンバーも個性豊か。

「学校ではそんなに喋ってなさそうな感じの子も、ここでは結構喋る」し、コミュニケーションの中からいじめの予兆を見つけることもあるという。本音を出せる心地よい居場所、一種のカウンセリングルームとしてもうまく機能しているようだ。寺西さん曰く、書道の役割の一つとして、学校で目立ちにくい子も輝ける場所を作れるということが挙げられる。実際、「書写の時間に『上手だね』と褒められるのが励みになっています」と語る保護者も少なくない。

時には灯籠描きのようなイベントを行ったり、墨絵の技法を教えてあげるといったこともしており、それを楽しみにしている子も多い。干支の文字を色々な書体で書いた紙を貼り、文字の変遷や今知っている文字には以前こんな形があったんだというようなことを自然と知ってもらえるようにしたり、大人の方への参考書作を貼ることで、子どもたちが書いたことのない書体を見よう見真似で書いてみるように誘導したり……。こういった"プラスアルファ"の活動も大事にしている。

少人数制・こぢんまりとした空間が心の距離をも縮める

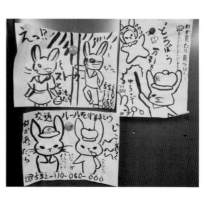

課題を早く終えた"特権"のお絵描き。飾ってもらえるのもモチベーションに！

　寺西さん自身は小学校3年生のときに近所の書道教室に通い始めた。初めは先生宅の立派な家構えにつられた面もあったというが、中学生で大人の時間帯に交じるようになって向上心を掻き立てられる。尊敬する先生のようになりたいという漠然とした想いを抱くようにもなり、一度もやめたいと思うことなく今に至る。ただ、もともと書道の先生になるという頭があったわけではなく、大学での専攻は社会学。調査研究で中国へ留学した際に日本語教師を務めたことをきっかけに、帰国後も日本語学校や専門学校で教え、アフタースクール事業で子どもたちの支援にも従事した。

　ゆくゆくは書道教室を、という思いはあったものの、まずは和文化や書道アートを楽しむワークショップからスタート。その後、「師範を持っているわけだし、やっていいのよ」という先生の言葉に背中を押され、満を持して開業。常に自らの傍らにあった「書道」と、向いていたという「教えること」とがようやく結びついた。子どもたちに対して日本文化や日本語、書の面白さを伝える気持ちは、海外の生徒たち

に文化的なものや精神を伝えてきたことに通じるもの。回り道はしたが、これまでの経験はすべて今の教室の基礎になっていると感じている。

　これからは、教室の特色であるワークショップや大筆を使ったイベント、文字の魅力などの発信といったところにも力を入れつつ、今通ってきてくれている子どもたちが、まさにかつての自分のように、楽しみながら長く書道を続けてほしいと願っている。自らが憧れ追いかけてきた先生の姿に少しでも近づくべく、寺西さんの書の道もまた一生続いていく。

●てらにし・ようしゅん　8歳より書家・柳澤朱篁（書壇院顧問）のもと書道を学び、現在に至る。東京学芸大学教育学部、立教大学文学研究科（修士課程）卒。書壇院認定書道教授、中学校・高等学校教諭1種免許状、日本語教師歴10年。公募展や社中展に毎年出展。文部科学大臣賞（第87回書壇院展）、特選など入賞入選多数。専門は漢字、隷書体。創作書やデザイン書を制作の中に取り入れ、ロゴ書制作や筆文字デザインなども行っている。学童、キッズベースキャンプなどへの夏休みのアクティビティ、観光客向け書道体験レッスンも実施。

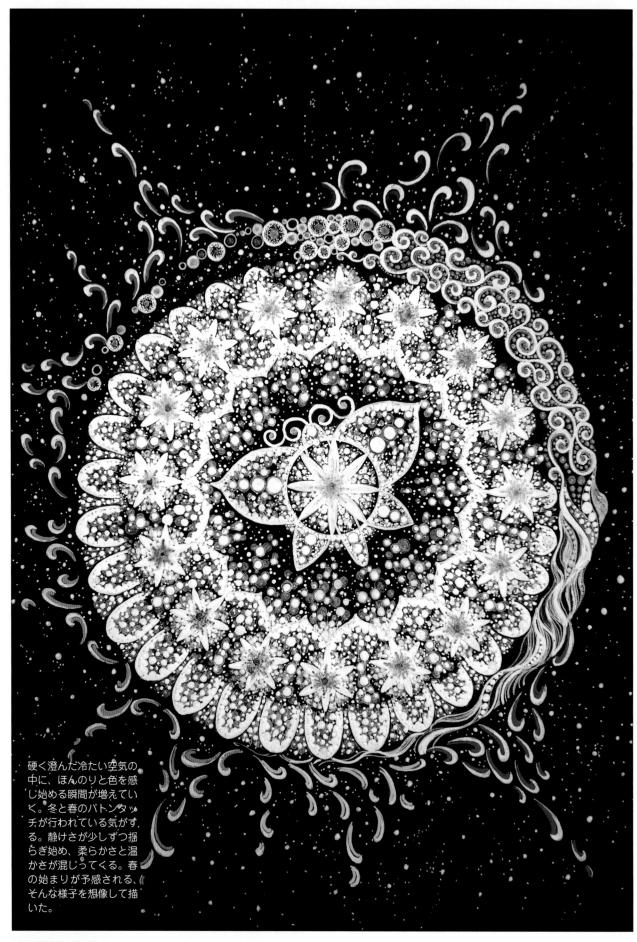

硬く澄んだ冷たい空気の中に、ほんのりと色を感じ始める瞬間が増えていく。冬と春のバトンタッチが行われている気がする。静けさが少しずつ揺らぎ始め、柔らかさと温かさが混じってくる。春の始まりが予感される、そんな様子を想像して描いた。

時空に遊ぶ
曼荼羅のいざない　Scene6 ◆ 春を運ぶ

[画・文] **フミ スギタニ**（ペン画作家）
2018年3月末、体を壊し退職。その後の人生を模索中にネットで偶然見かけた黒い紙にボールペンで描く曼荼羅アートに魅せられ自分でも描くようになった。私は曼荼羅アートを描いていると何も見えない暗がりに光を見いだしていくような気持ちになる。光を求めて私はこれからも描き続けていく。兵庫県を中心に個展やワークショップを開催し活動中。

Contents

特集

次代を見据えた学校経営戦略

　社会をめぐる様々なパラダイムシフトが起きつつある中、学校も未来志向で変えていく時期にきています。GIGAスクール構想による学びの転換、SDGsなどの新たな社会的要請、そしてSociety5.0の到来を見据えた社会構造の変化に対応した新しい人材育成など、未来から今を構想するため、学校経営戦略を担う校長はどう変わらなくてはならないか。本特集では、不易の部分も含め、これからの校長像と新しい学校づくりへの役割などについて考えていきます。

"令和の日本型校長像" を考える

千葉大学名誉教授
天笠　茂

　令和の日本型学校教育を実現する校長像とはどのようなものか。実務面・人間性を含めて論じることにしたい。

中央教育審議会答申（令和3年1月26日）が描く日本型学校教育

　まずは、日本型学校教育とはどのようなものか。「『令和の日本型学校教育』の構築を目指して～全ての子供たちの可能性を引き出す、個別最適な学びと、協働的な学びの実現～」（以下、「答申」）を取り上げることにする。

　「答申」は、日本型学校教育について、「子供たちの状況を総合的に把握して教師が指導を行うことで、子供たちの知・徳・体を一体で育む」と述べている。その上で、日本型学校教育は、全ての子供たちに一定水準の教育を保障する平等性の面において、また、全人教育という面において、諸外国からも高く評価されているとし、その成功の要因として、学校給食や課外活動など広範囲に及んで全人的な教育を提供していることにあるとしている。

　いずれにしても、知・徳・体を一体的に育む調和のとれた学校教育こそ日本型学校教育の神髄であり、そのバランスのとれた学校教育を教育の機会均等と教育水準の維持・向上の名のもとに実現を目指したことが、そして、その全人的な陶冶、社会性の涵養を目指したことが、日本人の礼儀正しさ、勤勉さ、道徳心の高さにつながっているとしている。

　しかし、「答申」は、社会構造の急激な変化のもとに、日本型学校教育の高い成果も過去のものとなりつつあることを認め、「課題が生じていることも事実である」と述べている。「答申」は、学校教育が直面している課題として、①子供たちの多様化、②生徒の学習意欲の低下、③教師の長時間勤務による疲弊、④情報化の加速度的な進展に関する対応の遅れ、⑤少子高齢化、人口減少の影響、⑥新型コロナウイルス感染症の感染拡大、をあげている。

　「答申」は、知・徳・体のバランスのとれた日本型学校教育のよさを維持していくには、躊躇なき改革が避けて通れないと、その方向について、①学校教育の質と多様性、包摂性を高め、教育の機会均等を実現する、②連携・分担による学校マネジメントを実現する、③これまでの実践とICTとの最適な組合せを実現する、④履修主義・修得主義を適切に組み合わせる、⑤感染症や災害の発生等を乗り越えて学びを保障する、⑥社会構造の変化の中で、持続的で魅力ある学校教育を実現する、をあげている。

　このように、日本型学校教育のよさを受け継ぎながら更に発展させていくには、必要な改革を躊躇な

く進めるというのが「答申」の立場である。

学校として取組が求められる4つの課題

その改革の取組としてあげられた課題が、次の4つである。

(1) 学習指導要領への対応

すでに高等学校まで全面実施に至った新学習指導要領について、その細かな対応について述べることは避けるにしても、個別最適な学びと協働的な学びの実現と結びつけた取組が求められている。

「答申」は、学習指導要領を踏まえ、教育課程に基づき組織的かつ計画的に各学校の教育活動の質の向上を図ること（カリキュラム・マネジメント）が重要であるとしている。校長のリーダーシップの下、教職員それぞれがチームの一員として組織的・協働的に取り組む力を発揮しつつ、家庭や地域社会と連携しながら、学校教育目標に向かっていく運営が求められている。

多様性のあるチームによる「自立」した学校のマネジメントについて、教育課程に基づき組織的かつ計画的に教育活動の質をはかるカリキュラム・マネジメントが柱となる。

(2) GIGAスクール構想への対応

次に、「答申」は、2020年代を通じてICTを基盤とした日本型学校教育の実現を目指すとし、それを「令和の日本型学校教育」と名付けるとしている。ICTを基盤とする学校教育に大きく舵を取ろうとするのが令和の「答申」であり、その象徴が「1人1台端末」である。2020年、GIGAスクール構想の実現のために予算が計上され、これにともない「1人1台端末」が子供たちに届くとともに、学校における

高速大容量のネットワーク環境の整備が進められた。

「答申」は、これまでの実践とICTの活用を適切に組み合わせていくことによって、これからの学校教育を大きく変化させるといっている。ハード面の整備が一定程度進んだことによって、授業の質という観点から、「1人1台端末」の活用が問われている。

「答申」は、ICT活用が目的化してしまわないように留意する必要があるとか、一斉授業か個別学習か、デジタルかアナログか等といった「二項対立」の陥穽に陥ることのないようにとか、児童生徒の健康面への影響など留意すべき点もあげている。その上で、ICTの活用によって学校教育の質の向上を求めている。ICTの活用による学習の効果の最大化を図るマネジメントが問われれている。

(3) 働き方改革への対応

一方、学校における働き方改革について、「新しい時代の教育に向けた持続可能な学校指導・運営体制の構築のための学校における働き方改革に関する総合的な方策について」（平成31（2019）年1月25日）は、その目的を次のように述べている。

「自らの授業を磨くとともに日々の生活の質や教職人生を豊かにすることで、自らの人間性や創造性を高め、子供たちに対して効果的な教育活動を行うことができるようになること」

このたびの学校における働き方改革は、法律や制度、学校のシステムや組織文化、そして、教職員個人と、それぞれのレベルにおいて、これまでの働き方の見直しが求められている。

このうち、学校においては、「基本的には学校以外が担うべき業務」・「学校の業務だが、必ずしも教師が担う必要のない業務」・「教師の業務だが、負担軽減が可能な業務」をもとに、保護者や地域の理解を得つつ取り組むことが大切である。とりわけ、働きやすい環境という観点から、健全な組織文化の維持・形成ということが、学校経営にとって課題とさ

れる。

（4）新型コロナ感染症への対応

　さらに、新型コロナウイルス感染症について。平時の社会経済活動に戻ることをねらいに大幅な緩和に踏み切るとし、2023（令和5）年5月8日、新型コロナウイルス感染症について感染法上の分類を「5類」に引き下げるとのこと。感染症への対応を優先せざるを得なかった学校にとって、新たな局面が訪れようとしている。これからも増加と減少の波を繰り返しながら推移していくことが予想されるなかで、コロナ後への一歩をいかに踏み出すかが問われるところまできた。一律の対策から個々の判断への移行を図り、転機をもたらそうとする政府の決定に学校も向き合うことが求められている。

校長のリーダーシップのもとに取り組む連携・分担による学校マネジメント

　これら課題への対処にあたり、学校のかじ取りを任された校長には組織として取り組む体制の整備が求められている。令和の日本型学校教育を説いた「答申」は、校長を中心に学校組織のマネジメント力の強化を強調し、「連携と分担」による学校マネジメントの要件として、①多様な人材が指導に携わることができる学校の実現、②事務職員の財務・総務等に通じる専門職としての期待、③ミドルリーダーがリーダーシップを発揮できる組織運営、④学校組織全体としての総合力の発揮、⑤地域全体で子供たちの成長を支えていく環境の整備、⑥保護者や地域住民等の参加・参画による学校運営を行う体制の構築、⑦家庭教育支援に関する取組の推進、⑧家庭や地域社会との連携による社会とつながる協働的な学びの実現などをあげている。

　このように学校が組織としての力を発揮して課題に取り組むにあたって、核となるのが校長であり、リーダーシップの発揮である。「答申」は、連携と分担によるマネジメントを述べるにあたって、「校長のリーダーシップの下」とか、「校長を中心」という文言を記し、校長がキーパーソンであることを強調している。そこで、リーダーシップ発揮のポイントを3つあげておきたい。

（1）時代の動きを見つめる

　まずは、4つの課題への取組について、その目指す目標や方針の設定、グランドデザインの提示、教育課程や学校経営計画の策定が求められる。その際、これら諸要素の構造化が求められ、計画立案にあたっての構想力が問われることになる。

　そこで、問われるのは、時代の動きを洞察する知力とのつながりである。先の見通せない時代にわれわれは立っている。しかし、先が見通せないという言葉に安易に乗ってしまうことに気をつける必要がある。時代の波に翻弄され、気がついてみたら思ってもみなかったところに持っていかれる、ということにもなりかねない。

　その意味で、時代の動きを読み取る知力を磨くことから、知識や情報を得ることにこだわり続けることもまた大切なことということになる。いずれにしても、目標の設定や計画の策定にあたって、基盤となるのは、時代の動きを見つめ、経年劣化に目を向けつつ、未来への道を開こうとする意思と識見である。

（2）共に成長する

　次に、共に成長するというマインドの形成と共有について。教職員への動機づけが協働を生む。保護者・地域の人々から参加・参画意識を引き出す。これもまた校長のリーダーシップ発揮において期待されるところである。

　そのために、成長意欲へのアプローチということも大切な経営手法ということになる。教職員の成長

への働きかけを通して組織の成長を図る。優れたミドル層を育てるということも、また、参画意識を育てることも、煎じ詰めると教職員をはじめとする人々を育てることと重なる。保護者や地域の人々の学校の運営への参加・参画にしても、そのエネルギー源を自らの成長への意欲に求める。

共に成長する意思の形成と共有を目指したリーダーシップの発揮もまた、令和の日本型学校教育の創造にとって大切な要件ということになる。

（3）組織をイノベーティブに

いずれにしても、それぞれの役割を分担し、組織全体としての総合力を発揮するには、学校組織がイノベーティブであることも重要である。新型コロナ感染症への対応もあって、学校は指示待ちの体質を一層深めることになった。その蓄積してしまった指示待ち体質からの脱却が、主体性の回復が個人においても組織においても問われる。

その一環として、組織をイノベーティブな状態に持っていく働きかけが求められている。言われれば動く、しかし、指示されなければ動かない。この体質改善が学校組織にも求められている。

学校としての主体的・自律的な判断が大切ということである。その土壌を耕すということにおいて組織をイノベーティブにしていく。リーダーシップ発揮の要件として組織の体質改善への働きかけも位置付けておきたい。

リーダーシップ発揮の源泉

さて、ここまで令和の日本型学校教育の実現を目指す学校の在り方を述べてくると、校長の人間的な側面が浮かび上がってくる。

教職員をはじめ保護者や地域の人々など多様な

人々を引き付けるリーダーとしての校長には、人間的な魅力や人としての在り方、すなわち、人間力や知力が求められることになる。学校という組織を率いるリーダーは、人々を引き付ける人間的な魅力がリーダーシップ発揮の源泉となり基盤となっていることも少なくない。

その意味で、校長には、学校経営にあたり自分らしさに目を向けることも求められる。組織を掌握するにしても、その歩むべき方向性を示すにしても、自分らしさの発揮が大切なのではないか。自分らしさを発揮できてこそマネジメントする力も取り戻せるのではないか。改めて、自らを見つめ、自らへの省察を通してリーダーシップ発揮を確かなものにしていく。令和の日本型学校教育は、そのような校長の在り方を問いかけていることも確認しておきたい。

Profile

あまがさ・しげる 東京都生まれ。川崎市公立小学校教諭、筑波大学大学院教育学研究科博士課程単位取得退学。千葉大学講師、助教授、教授を経て、平成28年度より特任教授。千葉大学名誉教授。学校経営学、教育経営学、カリキュラム・マネジメント専攻。中央教育審議会副会長。同初等中等教育分科会教育課程部会長。主な著書として『学校経営の戦略と手法』『カリキュラムを基盤とする学校経営』『新教育課程を創る学校経営戦略―カリキュラム・マネジメントの理論と実践―』など。

次代につなげる校長の構想力

一般財団法人教育調査研究所研究部長
寺崎千秋

校長の構想力とは

　社会の激しい変化に対応し、新たな社会の創り手となり未来を拓く子どもたちを育成する学校づくりが求められている。これまでの日本型学校教育のよさの継承とともに新たな課題に対応する令和の日本型学校教育の実現に向けた改革を推進し、全ての子どもたちの可能性を引き出す個別最適な学びと、協働的な学びの実現、さらにはそれを担う新たな教師の学びの姿の実現、多様な専門性を有する質の高い教師集団の形成が求められている。これらの実現、学校改革のリードが校長の責務である。

　新たな社会の創り手となり未来を拓く子どもたちを育成する教育の実現を目指した学校づくりをどのように進めるか、校長はその構想を示し、実現をリードしなくてはならない。

　学校づくりの構想力は、次代や社会の変化を捉える先見性、学校経営ビジョンの構築、リーダーシップの発揮、学校マネジメントの充実等の総合的なものであるとともに、実現に向けた道筋を示すものである。紙に書いた図面に示して終わりではなく実現に向けた取組、実践を含めて構想力と考える。すなわち、校長一人のものではなく、教職員等全ての関係者を含めての構想力である。

時代の先端を見通す先見性

　変化の激しい時代では校長も変化に応じて職能を高めなくてはならないが、それだけではついていくだけ、言われたことをやるだけで末端になる。変化の先を見通し必要と考える力を身に付け自らが先端に立って学校づくりをリードする校長でありたい。

　現に進行している社会の変化を表すキーワードに「Society 5.0（超スマート社会）」「IoT（Internet of Things）」「AI（Artificial Intelligence）」「第4次産業革命」「SDGs（Sustainable Development Goals：持続可能な開発な目標）」等がある。これらが示す状況は今も社会の中でどんどん進展している。

　新型コロナウイルス感染症の拡大、自然の猛威による災害、ロシアのウクライナ侵略等世界各地での戦争や紛争、これらが国民の生活に多様で多大な影響を与えておりよそ事ではなくなっている。学校では、GIGAスクール構想によりICT（Information and Communication Technology）の活用が推進されている。教員のICT能力の向上、ICT環境の

整備、子どもたち１人１台端末の配備等々により各教科等の学習での活用が期待され、今後の教育DX（デジタルトランスフォーメーション）の目指す先が示されている。また、働き方改革も進められている。

　校長としてこれらを多角的・多面的、そして総合的に見つめ、教育はどのように関わるのか、影響を受けるのか、どう対応していけばよいかなどを見通し、見極め、判断することが必要であり、その力が求められる。自分なりの見方・考え方や方法を確立し構想力を発揮して、受け身ではなく学校改革の主体者になって取り組んでいく校長でありたい。

構想力を発揮する

（1）学校経営ビジョンの構築

　学校経営ビジョンは、校長の学校づくりの目標像や展望を公に示すものであり、未来を拓く子どものために学校をどのような学びの場にしていくかなどを表現し提示するものである。そこには校長の夢やロマンも包含されていよう。校長の識見、先見性、専門性、リーダー性、人間性、教養等々を総合し統一して創出し構築するものであり構想力発揮の出発点である。学校経営ビジョンの構築は、例えば以下のように意図的、計画的・組織的に組み立てる。

① 自らの教育信条等を確認する。例：「敬天愛人」「教育は人なり」「教育は実践にあり」「子ども第一・全ては子どものために」など。
② 諸事象から教育の未来を見通す。
③ 子ども・学校等の実態を把握しよさや課題を明らかにする。
④ 学校経営の目標を設定し簡潔で分かりやすく表現する。例：「夢を育む子どもが主役の楽しい学校」「誇りと自信をもち社会の創り手とな

る子どもが育つ学校」「誰一人取り残さない学校」「子どもがつくり手となる学校」など。
⑤ 学校経営方針を明確かつ簡潔に示す。例：「わかる・できる・つかう・つくる教育課程」「聞いて・助けて・任せて・見守る学習支援」「あんぜん・あいさつ・あつまり・あとしまつの生徒指導」「一人を皆で・優しく・仲良く・温かくの学級・学年経営」。
⑥ 取組の先後の決断をし、何から取り組むか、重点を何にするかを示す。
⑦ 中長期（２～５年）ビジョン及びそれに向けた短期的（１年、学期、月）ビジョンを提示する。

　以上の過程において教職員等にビジョン構築への参画を促し、ビジョンについての意見や要望等を聴取する。必要に応じて意見交換してビジョンの精査を図り再構築する。ビジョンを浸透させるためには、年度初めの表明だけでなく、折々に必要な部分を説明し共通理解と共有を図るように工夫する。また、教育活動、学校運営の成果や課題を判断する物差しとして常時活用して認識を深めるようにする。

　ビジョンは示して終わりではなく、「ビジョンの構築→説明→意見聴取→理解・共有と協力→協働・実践→振り返り」のラセン型サイクルを確実に行うことで実現していくものであり、校長も自らのビジョン構築力を高めていくことができる。

（2）リーダーシップの発揮

　学校組織における校長のリーダーシップは、ビジョン実現・目標達成に向けた教育活動や学校運営等においてリーダーとして発揮すべき影響力であり、校務分掌等の役割と遂行の指示・要望、督励等の統率力や、教職員等のメンバーの理解と集団の心理的基盤の維持の機能が重視されている。

　経営ビジョン、目標や方針・計画を提示する段階は実現全体の５％。残りの95％が実施・実行であ

り、実現に向けて学校組織を指導・支援し、統率していくのが校長である。5％の段階には夢やロマンがあるが、95％には現実の厳しさがある。遂行には多くの問題や障壁がある。これを解決し乗り越えビジョンを実現させていくのがリーダーシップの発揮である。

　教育課程実施や学校運営推進において、どうリーダーシップを発揮すれば効果的か、諸要素や条件を踏まえ、やるべきことを判断し決断する。ときには英断して実行・実践を強力にリードしていくことが求められる。「判断」は頭でクールに考え、物差しに則して決めていくこと。「決断」は「よしっ」とこれまでの経験を信じて腹をくくって決めること。優柔不断、独断・専断は避けたい。嫌われ憎まれる校長となること必定であり、ひいては子どものためにならない。リーダーシップ発揮の判断・決断の第一の物差しは、「それが本当に子どものためになるか」である。「子どものためになることをする」「子ども第一」で思考し判断していけば大きく間違えることはない。

　学校組織のリーダーとして考えることは、学校は今、教育改革の真っただ中にいるということ。これまでの教育を踏襲するのではなく、根本的・抜本的に見直し、やり方を変え、子どものための変化を目指すことである。先端に立つ校長は、それらが本当に子どものためになるのかを常に考えながら実践していくことを大切にし、リーダーシップを発揮したい。

　リーダーとしての校長は学校経営者、学校管理者、教育者の三つの顔をもつ。これらは「経営者×管理者×教育者」の掛け算であり、どれが欠けてもゼロになることを心したい。学校経営者は未来志向で、ビジョン、進むべき方向、方針（戦略）を示し、実現に向けて行動・実践する。学校管理者は現在思考で、執行管理、危機管理（教育課程、施設設備、服務、健康等々）を確実に遂行する。そして教育者は過去に学び、未来を見通し、よりよく現在を生きる姿、現在を創る姿を示すことである。三つの側面の調和と統一を大切にしたい。

（3）学校マネジメントの充実

　校長の学校マネジメントの充実とは、学校経営の執行・推進を効果的に行い、学校経営ビジョンの実現を図ることであり、もって学校の教育目標を一人一人の子どもに実現させることである。学校経営ビジョンを示すだけで事が動きすべてうまくいくことなど、今日の学校ではあり得ない。

　その要素は「人（教師、子ども、保護者・地域住民等）」「教育課程」「教材・教具」「ICT」「学校予算」「施設・設備」「情報」「限られた時間」などである。「人」を中心にこれらが絡み合って教育活動や学校運営が展開されており、全体を円滑かつ効果的に執行・運営し、管理しビジョン実現の方向に向かって進むようにするのが学校マネジメントの充実である。

　学校マネジメントの方法として「PDCAサイクル」が重視されている。学校ではこの手法を日常的に取り入れて短期、中期、長期それぞれに、日々・毎時の授業や教育課程・指導計画、学校運営等々の実施・評価・改善を行っており、これを折々に形成的・総括的に行うのが学校評価である。これらを系統的、関連的、総合的、総括的に行うことが学校マネジメントをより充実したものにし、教育の質を高める。

　学校マネジメントを実践するのは教職員一人一人である。したがって、日頃から教職員にマネジメントの意識を高め、実践できるように育てていくことも職務である。現在の教育課程では「カリキュラム・マネジメント」を重視しており、教職員も実践している。その考え方を学校運営全体にも生かして実践するようリーダーシップを発揮したい。

構想力をつなぐ人材の育成

　校長の学校経営ビジョンの構築、リーダーシップの発揮、学校マネジメントの充実等は校長一人で行うことはできない。教職員の参画、協働があって実現していく。教職員も実現することのできる力を参画、協働、実践を通して身に付けていく必要がある。今日の学校は若手教師が増えて経験不足が課題であること、ブラックな職場と言われ教員志望が減少していることなどの中で教師の育成が重要な課題となっている。校長の構想力をつなぎ教師力・学校力を高めるためにどのように人材を育成するか。

　「率先垂範」「子弟同行」「啐啄同機」で次代につなぐことを推奨したい。昔から言われている方法であるが分かりやすい。「率先垂範」は、前述の「構想力を発揮する」で示した校長の構想力の発揮の姿、あるいは経験豊かな授業の進め方等を具体的に見せること・示すことである。「子弟同行」は、学校が取り組むべき課題の解決・実現に校長も教職員と共に思考し協働し汗を流すこと。新たな指導課題であるICT関係はまさに共に学び合う課題であろう。「啐啄同機」は、今伸びようとしている教職員の発想や提案、取り組む姿・状況などを認め発揮させることである。「与えて・させて・改善させる」一方的な指導ではなく「聞いて・助けて・任せて・見守る」支援により、主体的・協働的で深い学びを教師自身が実現できるようにリードしたい。

　令和4年12月19日に中央教育審議会が「『新たな教師の学びの姿』の実現と、多様な専門性を有する質の高い教師集団の形成」を答申した。「令和の日本型学校教育」を担う教師を育てるためである。子どもの授業観・学習観の転換とともに教師の研修観の転換を求めている。これを受けて教育委員会が今後の研修の在り方を具体化し学校・教職員に示すこ

とになろう。人材の育成はこの制度をどう生かすかにも関連させる必要がある。教職員にとっての自己実現ができ、学校経営ビジョンの実現に資するものとなるように取り組むことが校長の責務である。

　「次代につなぐ校長の構想力」は、以上の他に「人間関係及びコミュニケーションの深化」「ICT教育の推進」「働き方改革の推進」「危機管理のマネジメント」「研修と自己更新、健康の保持・管理」を含めて考えている。参考文献を参照されたい。

[参考文献]
・寺崎千秋著『校長の条件』教育出版、2023年3月1日

Profile

てらさき・ちあき　全国連合小学校長会会長、東京学芸大学教職大学院特任教授等を歴任。現在、一般財団法人教育調査研究所評議員・研究部長、教育新聞論説委員、公立小学校2校の学校運営協議会委員、小中学校の校内研究・研修の講師、教育委員会主催の教員研修講師等を務めている。

「個別最適な学び」と「協働的な学び」の一体的な指導を推進するための校長の役割

信州大学教授
伏木久始

取り組むべき課題を明確にして共有する

　「個別最適な学び」と「協働的な学び」の一体的な指導を担う教師たちに、校長はどのように働きかけることが求められるのだろうか。この難題に言及する前に、そもそも「個別最適な学び」と「協働的な学び」の一体的充実という学習指導をどのように理解すべきかを、全職員と取り組むべき課題として共有することが最初の課題となる。

　「令和の日本型学校教育」なる用語が2021年1月26日の中央教育審議会（以下「中教審」）答申『令和の日本型学校教育』の構築を目指して～全ての子供たちの可能性を引き出す、個別最適な学びと、協働的な学びの実現～」において初めて登場した。これは2020年代を通じて実現を目指す学校教育を構想したものとされ、その姿を「全ての子供たちの可能性を引き出す、個別最適な学びと協働的な学び」と定義している。同年3月にはそうした学びを担う教師の重要性に焦点化して、文部科学大臣が中教審に諮問し、2022年12月19日に「『令和の日本型学校教育』を担う教師の養成・採用・研修等の在り方について～（…略…）」を中教審が答申した。

　つまり、2020年代を通じて、「個別最適な学び」と「協働的な学び」が一体的に充実していくことで、これまで教室での一斉授業に参加できなかった子も、学びから逃走していた子も、特定の優れた能力がありながら疎外されていた「浮きこぼれ」の子どもも、全ての子どもが教室で自分らしく学べるようになるという多様性への道筋が日本型学校教育の説明に盛り込まれている。

　ところで、「個別最適な学び」と「協働的な学び」の関係をどのように理解すべきなのか、両者の一体的充実が実現している授業とは、具体的にはどのような学習をイメージすべきなのだろうか。

　「個別最適な学び」は、一人学習として個の追究に専心している場面と、自然に他者と繋がり、緩やかな連携が生まれている場面があり、いずれも集団思考による追究場面に自分らしく参加することをモチベーションにしていくことが望ましい（図1）。「個別最適な学び」はその子なりの追究を深めていく学びであって、最適な方法を試行錯誤するプロセスでもある。AIや教師の助言に従うことがあってもよいが、自分の力で追究を深めていくことができるよう教師が多様な環境を整えていくことが求められる。

　一人一人の子どもが自分らしさに自信を持って（自己肯定感）自分なりに必要な学びを創っていける力をつけることで、集団の中での自分らしさに気づかせたいし、学ぶことの楽しさを体験させたいの

「個別最適な学び」と「協働的な学び」の一体的な指導を推進するための校長の役割

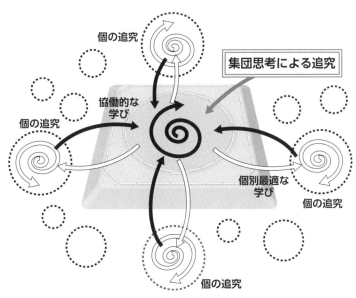

図1 「個別最適な学び」と「協働的な学び」（筆者イメージ）

である。自分の力で取り組みにくい子ほど、その学習経験を積ませることが重要なのであって、周囲の進度と比べて遅れているからといって教師がすぐに“できる”ようなお節介を続けていては、その子の自己肯定感や学ぶ楽しみを教師が奪ってしまうことにもなる。もちろん、自己学習能力の個人差に応じて教師が助言を与えたり“足場かけ”となる適切な指導を要したりする場合もあるが、全てを教え込まずにその子なりの試行錯誤を見届ける覚悟をもって個別の学習を支援することも必要になろう。自分なりの学びをいろいろ試してみる中で、たとえゴールにたどり着けなくても粘り強くあきらめずに追究し続けたことが高く評価されると納得すれば、子どもたちの学び方は変わってくるはずである。

　また、「個の追究」は「集団思考による追究」の場でその成果を発揮する機会が与えられると、さらにモチベーションを高めるという側面がある。同時に「集団思考による追究」の場で学び合った経験を「個の追究」に戻ってふり返る時に、「個別最適な学び」が発動し、「個の追究」が深まるという関係性により、一体的な充実が図られると解釈すべきである。

　ただし、タブレットPCを活用して個人差に応じた個別学習を「個別最適な学び」の典型事例と受け止められる向きもある。近年のICT技術やAIを搭

載した端末の進化、chatGPTのような革命的な新技術の登場などにより、従来の個人学習の概念が変化することも想定される。それでも、「個別最適な学び」は個別に一人学習することと同義と捉えず、「協働的な学び」との繋がりを持ち、相互に関連し合うことで一体的な学びが充実すると考えるべきであろう。

　一方の「協働的な学び」は、「個の追究」の成果を出し合い、交流し合い、磨き合って「集団思考による追究」を深めていく学びである。多様な全ての子どもがそれぞれに「個の追究」を高めながら、「集団思考による追究」に参加する方向性が「協働的な学び」になる。そのためには子ども一人一人の能力・特性などに応じた多様な支援や環境構成が必要になるだろう。

　また、「個の追究」にこだわって熱心に取り組んだ子ほど、そのプロセスや成果を他の誰かに語りたくなるし、同時に他の誰かの追究にも関心を寄せる。それは自然な形で「協働的な学び」の必然性へと繋がっていくのである。そもそも、自分なりの個の学びの特徴や“よさ”は、他者との比較や集団の中で自分を客観視することを通してはじめて実感できるものである。「個別最適な学び」と「協働的な学び」を切り離して授業設計をするよりも、単元全体のね

らいに応じて、「個の追究」と「集団思考による追究」の場面を適切に位置づけながら、「個別最適な学び」と「協働的な学び」が常に連動しているような学びの在り方が、目指す方向なのだと考えたい。

一人一人多様な子どもが参加しやすい授業を構成するためにも、一斉授業の質を高めていくためにも、「個別最適な学び」と「協働的な学び」の一体的充実が求められるのである。

全職員の心理的安定性を高める

学校に限らず、組織が何か新たなプロジェクトに挑む際にリーダーが配慮すべきことは、職場の全職員の心理的安定性を高めることである。「心理的安定性（psychological safety）」とは、1999年にハーバード大学のエイミー・エドモンドソン教授（Amy C. Edmondson）が「チームは、対人関係のリスクをとっても安全な場所であるとの信念がメンバー間に共有された状態である」と定義した用語である。この概念を利用してGoogleが取り組んだ「プロジェクト・アリストテレス」（2012-2116）の研究結果が話題となり、広く知られる概念となった。

一連の心理的安定性の研究結果により明らかにされたことは、チーム編成の在り方と労働生産性にはほとんど相関性がなく、暗黙のルールや行動規範やチームカルチャーといった規範との相関性も低いが、心理的安定性の高いチームのメンバーは、「離職率が低く、他のチームのメンバーが発案した多様なアイディアを上手に利用し、収益性が高く、マネージャーに認められる機会が多い」ことだった。

これは学校経営にも応用できる研究だと考えられる。心理的安全性が高い組織の特徴として、①ポジティブな発言や考え方をするメンバーが多い、②反対意見や目新しい意見が歓迎される、③課題に対し

て厳しく話し合える、という共通点が指摘されている。その一方で、心理的安全性が低い組織の特徴として、①変化を好まない、②積極的にコミュニケーションをとろうとするメンバーが少ない、③ミスの発覚が遅れることがある、の3つが指摘されている。

これらをチェック項目として、校内体制とくに人間関係を分析してみてはどうだろうか。

教師集団が子どもたちの
モデルになる

「個別最適な学び」と「協働的な学び」の一体的な学習を子どもたちに指導する教師集団も、一人一人の個の追究が尊重されるとともに、その努力が教員チームないし職員全体での実践研究協議の場で生かされる仕組みになっていることが望ましい。

授業改善や授業構想の目的や方向性には合意していても、具体的な実践の内容や方法や記録フォームまで最初から定式化する必要はない。しかし、近年の傾向として「教師スタンダード」等が設定されて足並みそろえて全員が同じ実践を"そろえて"取り組む学校が増えている点が懸念される。もちろん学校としてある程度は共通化を図ることは必要であるが、横並びの実践は各教師の主体性や創造性を削ぎ、自律的であるべき教師の仕事をマニュアル化させてルーチンワークに劣化させる影響力を持つのである。

「○○先生の個別最適な学び」、「△△先生バージョンの協働的な学び」のように、バラエティーに富んだ実践を出し合い、相互交流と磨き合いを経て、次第に納得し合える共通項を増やしていくという筋道を経ることが望ましい。しかし、教師として自信を持って指導できないことや未経験のやり方には手を出さないタイプの同僚もいるであろう。そういう教師に共にチャレンジすることを期待するのであれば、校長はその教師が自分のコンフォートゾー

「個別最適な学び」と「協働的な学び」の一体的な指導を推進するための校長の役割

ンを出るための勇気を後押しする必要がある。コンフォートゾーンとは、自分が慣れている状況や行動、環境などに囲まれて不安を回避している状態を指すが、このような状況に安住していると、新しいことや難しいことに挑戦することが難しくなる。教師が自分のコンフォートゾーンを出て、未経験のことに挑戦することは、教師としての器を広げ、力量を高めることになると同時に、子どもたちのロールモデルにもなるのである。

　自分とは異なる個性を有し、自分とは異なる時代を生きる子どもの中には、教師の経験知の中だけでの最適解を与えられる教育では、本来持ち合わせている能力や感性などを開花させられない可能性があると考えることも必要である。新たなことにチャレンジしたこと自体を校長が高く評価する事実を重ねていくことで、教師たちはコンフォートゾーンを出る勇気をもらえる。それは子どもたちと同様である。

教師が悩むプロセスの伴走者を担う

　教師一人一人の実践のプロセスを見守りながら、共に悩みを理解する伴走者としての役割を担うことも校長に期待したい。

　各教師には、トライする授業の準備は一教科一単元でもよいので、単元というスパンで学習指導計画を構想してもらい、その中で「個の追究」と「集団思考による追究」を位置づけ、細かな本時案は作成不要とするかわり、無理のない範囲で実践記録を日記のように書くことを依頼する。実践記録というよりも、リフレクション日記といったほうが適切かもしれない。まずは、特定の子どもの学びに即して、その子がどのように学びどのような気持ちでいたのかなどをふり返って文字化することを一単元続けるのである。「個別最適な学び」と「協働的な学び」

の一体的充実という視点から、その子の学びに関して書いておきたいエピソードを、その場面を再現した記録にしてメモ書きしておく。毎時間の日記を書くというノルマにはせず、授業者の心の内によぎった言葉も含めて、リフレクション日記に綴ってもらうという記録方法をとるのである。

　可能な限り校長は教員の授業を見てまわる方がベターであるが、教師の指導場面の適否や指導技術を助言するよりも、教師一人一人が自分自身と向き合って綴ったリフレクション日記を読ませてもらうことと、教師一人一人の状況を思いやりながら声をかけてまわることを（無理のない範囲で）続けることが授業改善に悩む教師を精神的に支えることになるし、本来の課題にも迫れるのである。

　「個別最適な学び」と「協働的な学び」の繋がりという視点から子どもの実際の学びをふり返って省察することを始めた教師は、多様な子どもを主体とした授業づくりの推進役を担う力になるのである。

[参考文献]
・Edmondson, Psychological Safety and Learning Behavior in Work Teams,1999
・Google : Guide: Understand team effectiveness (https://rework.withgoogle.com/guides/understanding-team-effectiveness/steps/introduction/)

Profile

ふせぎ・ひさし　専門は教育方法学・教師教育学。博士（教育学）。東京都内の中高一貫校教諭を退職して大学院に復学し、カリキュラム研究で学位を取得してから小学校教諭として総合学習の実践研究に取り組む。2003年より信州大学教育学部に転任。2016年の教職大学院開設から専攻長を6年間務め、中央教育審議会教育課程専門委員、NITSフェロー等を歴任し、2022年3月まで長野県教育委員会教育長職務代理者も兼務した。2022年4月より1年間はフィンランド国立教育研究所の客員研究員として、ユバスキュラ市に滞在中。著書に『山と湖の小さな町の大きな挑戦～信濃町の小中一貫教育の取り組み～』（学文社、2017年）など。

学び場としての学校を変える校長
人・モノ・コトを創る

前東京都世田谷区立桜丘中学校長
西郷孝彦

　南アルプスの麓にその学校はある。全国に５校あ
る「きのくに子どもの村学園」の一つ「南アルプス
子どもの村小学校」である。この学校を舞台にした
ドキュメンタリー映画『夢見る小学校』は、公開と同
時に全国で話題になり、劇場公開が終了した後も、
ぜひ見たいという保護者や教育に関連する団体が、
自ら自主上映会を企画し、その観客数は２万人を超
えるという大ヒットを記録した。その後も観客は増
え続けている。映画は自己決定・個性化・体験学習
という３つの原則を掲げる同学園の教育実践を丁寧
に記録している。

　すでにご存知の方も多いと思われるが、この学校
は創設者の堀真一郎学園長が、イギリスの新教育運
動の教育家であるA・S・ニイルのサマーヒル・ス
クールを範とした新しい学校を日本にもつくること
を目指して、1992年４月、和歌山県橋本市に、「き
のくに子どもの村小学校」を開校したのが始まりで
ある。

　映画では、私立の「きのくに子どもの村学園」ば
かりでなく、60年間成績通知表や時間割がない「体
験型総合学習」を続ける公立の伊那小学校（長野県
伊那市）、私の勤めていた世田谷区立桜丘中学校も

図１　夢みる小学校

「校則、定期テストをやめた自由な学校」として紹介されている。なぜ本編とは直接関係のない公立学校を取り上げたのか？ 映画の終わりは次の言葉で終わっている。

「あなたの町の小学校も『夢みる小学校』なのです」

つまり、オオタ・ヴィン監督は、高額の授業料を払わなければならない上に、限られた地域にしか存在しない「特殊」な私立学校ではなく、どの町にもある、だれでも通える「普通」の公立学校も「夢見る小学校」のように「子ども中心の楽しい学校」になれるのだというメッセージを送っているのである。実はこの映画を撮ったヴィン監督自身も小・中学校時代に学校の授業や管理的な環境に馴染めず辛い体験をしたという。だからこそ、すべての公立学校がニイルの「子どもを学校に合わすのではなく、学校を子どもに合わせる」という学校になってほしいという強い願いを持っている。

私は上映会のゲストとして参加することがあるが、ある時、私のとなりで映画を見ていた小学5年生ぐらいの女の子が、途中から上着のフードをすっぽりと頭からかぶり下を向いたまま動かなくなった。フードの下からは鼻をすする声がする。きっと泣いているに違いない。映画が終わってからどうしたのか聞いてみると、「途中で悲しくなって、画面を見ているのが辛くなった」と言う。それから少し怒ったように「ずるいと思う。あの子たちだけがあんなに楽しそうな学校に通えて。私の学校は、授業はつまらないし、先生はいつも怒ってばかり。毎日学校へ行くのが辛いのに……」。

私はその子にかける言葉がなかった。何と言ってあげればいいのか。教員であるあなたなら、何とこの子に声をかけただろう。

「社会とはそういう不公平なものだ。いまから、学校で耐える練習をして社会に出た時に困らないようにしよう」

そう、あなたは言うのだろうか。

なぜ学校に居場所が必要か?

前述の小学生の女の子の例に漏れず、「学校が楽しくない」と思っている子どもたちが大勢いることは確かだろう。中には「学校へ行きたくない」と不登校になったり、毎年新学期が始まった1か月後の5月や夏休みなどの長期休み明けには「学校へ行きたくない」という理由で自殺する子どもが多くいる。

令和3年度の文科省の調査では、小・中学校における不登校児童生徒数は24万4940人。内訳は小学校が8万1498人で全体の1.3%、中学校では16万3442人で全体の5％に当たる。40人学級の1クラスでは1人以上が不登校であるという計算となる。このままの増加率が継続すると仮定すると、5年後の令和8年度には、不登校の児童生徒数が50万人を超えるという試算もある。これはほぼ現在の鳥取県の人口と同数の子どもたちが義務教育を受けずに大人になるということである。学校関係者の皆さんには、このことが、日本の将来にどのような影響を及ぼすのか考えていただきたい。

私は、仕事で全国をまわるが、すべての地域の教育委員会や小・中学校は近年の不登校児童生徒の増加には頭を抱えている。従来の対策だけでは改善の見通しが立たないからである。私が退職した2020年当時、世田谷区の不登校児童生徒数は約800人であったが、3年後の2023年には1300人以上にも増加している。世田谷区では昨年令和4年度に不登校特例校分教室を開設して、不登校の子どもたちに配慮した「特別の教育課程を編成」するなど対策をしているが、定員はわずか30名であり1300人の不登校児童生徒に対しては焼け石に水である。

なお、不登校特例校は不登校の子どもの状況にあわせて、授業時間や教育内容を柔軟に調整して実施する場所のことで、教育機会確保法により国や地方

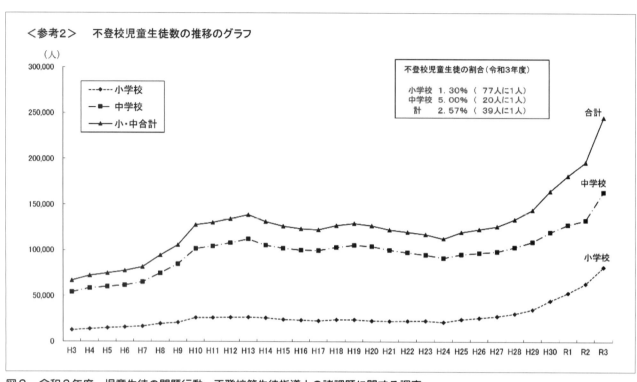

<参考2> 不登校児童生徒数の推移のグラフ

（人）

不登校児童生徒の割合（令和3年度）

小学校	1.30%	（77人に1人）
中学校	5.00%	（20人に1人）
計	2.57%	（39人に1人）

図2 令和3年度 児童生徒の問題行動・不登校等生徒指導上の諸課題に関する調査

公共団体に努力義務として設置が求められている。令和4年4月時点では、全国に21校設置されている。

さらに深刻なのは子どもの自殺である。警察庁の統計によると、小中高生の自殺者数は、自殺者総数が減少傾向にある中でも増加傾向となっている。令和2年には小中高生の自殺者数が499人で1980年以来過去最多となり、令和3年には過去2番目の水準となった。

2021年に放送されたNHKスペシャル『若者たちに死を選ばせない』では、原因が見えづらい若者たちの死をどうすれば防げるのか、国の指定を受けた専門家組織「いのちを支える自殺対策推進センター」が詳細な分析をしている。メンバーは教育関係者や精神科医や弁護士、統計学の研究者で構成され、インターネットの検索ワードと自殺との関係をいわゆる「ビッグデータ」を用いて行った調査である。

まず、自殺が増える前に、どんな言葉がインターネット上で検索されたのかを調べると「死にたい」「消えたい」といった言葉より高い関連性がみられたのは、「学校に行きたくない」という言葉であったことが判明した。さらに自殺した時間を調べると一番多いのが学校の登校時、下校時の時間であった。つまり、「若者の自殺は学校に起因する」という結論が示されたのである。

この番組からも分かるように、不登校や「ひきこもり」は単に学校へ行けないだけではなく、命にも関わる問題であることを認識していただきたい。学校に行けないだけで命を落とす子どもたちがいること。だから子どもの命を真ん中に据えた安心して過ごせる場所が必要なのである。それは、家庭でもいいし、学校でも地域の児童館やNPO・有志で立ち上げた「居場所」でも構わない。最近注目されている「川崎市こども夢パーク」もその目的のために運営されている。夢パークは、「川崎市子どもの権利に関する条例」の理念を基に、子どもが自分の責任で自由に遊び、学び、つくり続けていく子どもの居

場所・活動拠点となる施設である。

　では校長は何をすべきか？　不登校や自殺の原因にもなっているあなたの学校を「子どもたちが安心して過ごせる場所」に変えることが、日本の将来を背負う大切な子どもたちを預かる学校の最重要責任者である校長の使命であると私は考えてきた。

子どもにとって学校はどのような場になっていくのか

　昨年、学校法人角川ドワンゴ学園のN高校を訪ねたことがある。私が世田谷区立桜丘中学校を退職するときに、まだ1年生であった生徒がN高校に進学して2年生に在籍していたからである。二人とも桜丘中学校に在学当時は登校しづらかったり、また教室へ入ることができず、職員室前の廊下や校長室で過ごしたりしていた。教室へ入りたがらない理由は特定できていたので、無理に教室で授業は受けさせず、本人たちが参加したい部活動や好きな放課後の活動に参加して過ごさせていた。

　N高校の大きなオープンスペースのような教室へ行くと、すぐに「校長先生？　びっくりした！」と近寄ってきたHは、某私立小学校の特別支援クラスで教員から毎日怒鳴られた経験から入学当時はPTSD（心的外傷後ストレス障害）を発症していたが、次第に桜丘中の自由でストレスのない雰囲気や文化祭のステージで好きな歌をうたう機会などを得て回復に向かっていた。少し小さなクラスでは、プレゼンテーションの授業が行われていたが、もう一人の卒業生Kが、私に気がついてすぐにやってきた。私がいなくなった後、どうしても学校に馴染めな

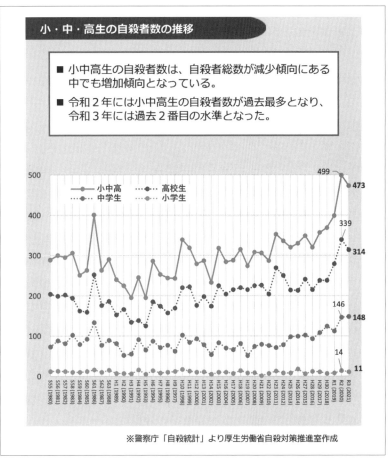

図3　警察庁「自殺統計」より　（厚生労働省自殺対策推進室作成）

かったという話をしてくれた。

　その後、N高校の運営にかかわる方から、次のような話を聞いた。

　「この通信制のN高校では、実際の物理的な建物のある学校に通えなくても、バーチャルでもできることを突き詰めていきたい。たとえば、現在ほとんどの学校で行われている一斉授業は、よりわかりやすい個別に対応した学習プログラムが遠隔で提供できるので生徒は学校へ行く必要はない。生徒会活動なども1000万円の予算をつけて、遠隔でできないか生徒を募集しているところだ。普通の学校で行われている活動を一つ一つ試していき、どうしてもリアルな校舎に生徒が集まらないとできないことがあれば、それこそが本来の学校の役割だ」というのだ。

なかなか、面白い実験ではないか。いったい最後に残るものは何だろう？ とみなさんも頭を回らせてもらいたい。リモートではできない、既存の「リアルな学校」が必要な理由は何ですか？

教職員はどのような存在となっていくべきか？

いろいろな公立の中学校の「学校だより」やホームページを閲覧していてがっかりすることがある。特に校長が書いたと思われる文章が「次回の定期テストで入学に必要な内申が決まるので頑張るように」とか「入学試験の面接練習をしたが立派な態度だった」「本校の進学実績はすばらしい」などと書いてあると、どこの進学塾の話なのかと見誤りそうである。その文章のどこにも校長自身の教育観、学校の理念が感じられないのである。校長ばかりでなく、直接子どもたちと接する機会が多い教員にこそ「教育観、教育理念」を持ってほしい。

私自身は、教育大学や教育学部を卒業しているわけではないので教育学部を出た教員の皆さんのようには教育学に関する知識は少ないのだと思う。だから、学生当時は「教育学部を出ていない」私が教員になることに負い目を感じていた。少しでもその気持ちを払拭するためなのか、大学在学中は手当たり次第に教育にまつわる本を読んだものだ。ペスタロッチ、ヘルバルト、ジョン・デューイ、モンテッソーリ、シュタイナー、ジョン・ロック、フレーベル、ルソーの『エミール』、哲学者のニーチェと懐かしい名前が思い浮かばれる。教員になったあとは、すっかり読んだ本のことは忘れてしまっているが、ときに触れて読んだ本の内容を思い出すことがある。前述の映画『夢見る小学校』をみた時には、大学時代にニイルの著書である『恐るべき学校』や『ニイルのおバカさん』を読んだことを思い出した。

ニイルの本は、現在でもすべて堀真一郎氏が翻訳をされていると思うが『ニイルのおバカさん』（Neill! Neill! Orange Peel!）だけは原文で読むことをお勧めする。英語の面白い言い回しは日本語にできないからだ。

本題に戻る。教職員はどのような存在になっていくべきか？

第一に、正しい「子ども観」を持った教員になってほしい。それは「子どもは本来善なるもの」とする信念である。

世の東西を問わず、シュタイナーは「人間は（神様がお造りになられたのだから）完璧なかたちで生まれてくる」、禅僧である道元が執筆した仏教思想書である『正法眼蔵』では「人は生まれつき《悟り（蓮の種）》をもっている」、だから、「蓮の花が咲くようなよい環境で人を育てなさい」と言っている。生まれた時から悪い子どもたちをよくするために躾や教育を行うのではなく、生まれた時から「よく生きよう」とプログラムされている子どもたちのプログラムが発動できるような環境で育てるのだという認識を持ってほしい。

教育論で教員に誤解をさせているのは、教育原理を勉強していると必ず出てくる「狼に育てられた子」の逸話である。私が知っているのは「通称インドの6歳のオオカミ少年ディーン・サニターが1867年に洞窟の中でオオカミの群れと共に暮らしていたところをハンターによって発見され、生肉を食べたり、服を着なかったり、地面から食べ物を食べたりするような動物的行為をやめるような教育を施され、調理した食事をとるようにはなったが、結局しゃべることはできなかった」という話だ。教訓は、「人間は狼に育てられると狼のようになってしまう。だから教育が必要なのだ」というものである。

私の解釈は違う。「人間は狼に育てられるという《環境》で育てられると狼のような人間になるし、逆にいい人に育てられるというような《よい環境》

で育てられればいい人になる」つまり、「育つ環境」が大切だということだ。いくら教育をしても狼に育てられた人間は人間に戻らない。

　この考え方は、障害がある子どもたちを一つの学校やクラスに集めて、社会に適応させる訓練（ソーシャルスキル等）をするという発想ではなく、障害にならないように学校や社会をその子どもたちにあった環境にするという発想にもつながる。車椅子が必要な人でも、階段だけではなくエレベーターも設置することで、フロアー間を移動することが障害ではなくなるという考え方である。

　第二に、《よい環境》に置かれた子どもの成長は、子どもの自由に任すべきだということを認識してほしい。

　すなわち教員には子どもに「お説教」をすることが必要なのではなく、「愛と理解」が必要なのである。子どもが本来もっている善良性を発揮するためには、信頼し認めてやることと自由にさせてあげることが必要だからである。子どもが善くない行いをした場合、教員が叱責したり訓戒を与えたり罰を与えたりしてはいけない。なぜなら、憎しみは憎しみを育て、愛は愛を育てるからである。私はいわゆる教育困難校と呼ばれた「荒れた学校」で10年間を過ごしたが、どんな子どもであっても愛によらずして救われたためしがないと断言できる。どんな悪い行為をした子どもに対しても、それを戒めるのではなく、愛によってその子を包み込むべきで、そこにあるのは、子どもを徹底して信頼するという教員の姿である。

　第三に、教員は客観的な知識の習得だけを子どもに対して行う存在ではないということである。

　大切なのは、受験テクニックというものではなく、自分が目指すものに対しては何度でも挑戦していこうとする熱意をもつこと、自分の感情を自由に素直に表現することができること、そして自分の感情を表現することを通して、熱中する楽しさや創造性が育まれることのように「知識よりも感情」という学習観をもつことである。

校長は何をすべきか？

　最後に困難で今後が見通せない日本の将来を背負う人材育成のため、日々努力を惜しまず頑張っている校長先生に天台宗の最澄の言葉を送りたいと思う。

　「径寸十枚是れ国宝に非ず、一隅を照らす此れ則ち国宝なり」

　「径寸十枚」とは金銀財宝・地位や名誉などのことで、「一隅」とは今自分がいる場所や置かれた立場を指す。お金や財宝・地位や名誉ばかりに目を向けているのではなく、自分自身が置かれたその場所で、一番困っている人や弱い人、少数の人のために精一杯努力し、明るく光り輝くことのできる人こそ、何物にも代えがたい貴い国の宝であるということである。きっと最澄は、当時の政を司る役人たちに向かって苦言を呈したかったのであろう。現代の日本にも通じる言葉である。

Profile

さいごう・たかひこ　1954年横浜生まれ。上智大学理工学部を卒業後、1979年より都立の養護学校（現：特別支援学校）をはじめ、大田区や品川区、世田谷区で数学と理科の教員、教頭を歴任。2010年、世田谷区立桜丘中学校長に就任し、生徒の発達特性に応じたインクルーシブ教育を取り入れ、校則や定期テストの廃止、個性を伸ばす教育を推進した。2020年3月退官。現在は講演、執筆活動などで活躍中。

家庭・地域と共創する校長の
センスと人間性

日本大学教授
佐藤晴雄

家庭・地域とともに歩む校長

（1）「共創」とは

　「共創」とはコ・クリエーションとも呼ばれ、経営学で用いられるようになった概念である。これは、企業本位に価値を追求するのではなく、顧客や従業員等の関係者相互の交流によって価値を創造していくという考え方である[1]。したがって、「協働」よりも一歩進んだ取組みになる。

　「共創」が求められる背景には、消費者が単なる受け身に徹するのではなく、多くの情報を入手し、サービスを厳しく見極めるようになったことが指摘できる。こうした状況は今日の教育界にも当てはまることから、学校経営も「共創」の考え方に立つことが重要であり、校長にはそのための新たなセンスと人間性が求められることになる。

（2）「共創」的センスあふれる二人の校長

　まずは、家庭・地域協働・共創に努めた二人の校長を紹介しておこう。

①家庭・地域目線で支援を受けるＡ校長

　かつて筆者がアドバイザーを務めていた都内小学校のＡ校長は、学校支援ボランティアの協力を依頼する時に、「必要でない時にもお願いするようにしている」と語った。誤解のないように説明しておくが、「必要でない」とは、従来協力を依頼していた授業が日によって教員一人で可能になる場合でも、継続して協力してもらうよう工夫するという意味である。そこには、学校の都合だけでなく、相手の立場を尊重する姿勢が読み取れる。

　しかも、Ａ校長は新しい実践の試みに直面した時、想定されるメリットとデメリットが半々ならば、新しい取組みに挑戦してみると言うのである。前例踏襲に陥ることなく、日々新たな実践を採り入れようとする進取のセンスを持つ校長なのであった。実際、地元商店街の協力を得て、独自の地域学を打ち立て、地域密着型の教育実践を展開するのである。

②「信じて語る」Ｂ校長

　別の小学校のＢ校長は保護者や地域住民に学校支援を依頼すると、保護者たちからは、「先生たちを楽にさせるために協力するのですか」という疑問が寄せられたと言う。そこで、次のように理解を求めた。

　「教員の仕事を『10』だとすると、そこに皆さんの力が『＋2』加われば教育の成果は『12』になります」と説明した。図式で表せば「10（教員の業務量）＋2（保護者による学校支援量）=12（教育成果）」だと分かりやすく説いた。当初、保護者

は「10＋2－2（教員の負担軽減）＝10」だと誤解していたからである。その後、保護者の納得を得て、支援活動が広がり、ボランティアの人数は急速に増えていった。

同時に、その校長は教職員に対しても学校支援活動に取り組む方針の理解を求めた。教職員はボランティアが授業などに関わることに抵抗感を抱いていたからである。校長はその案件を職員会議で諮れば一部の反対意見に流されることを予想していたので、折を見て一人ひとりの教職員をつかまえて直接説得を試みた。個別に説得されれば、教職員は校長の熱意を受け止めて、当初の疑問も払拭されたのである。その際、B校長は、保護者・住民や教職員に対して「信じて語る」ことが重要だと語るのである。

二人の校長には家庭や地域とともに歩もうとする「共創」的なセンスと人間味あふれる姿が見出されるのである。

リーダーシップの在り方

以上の二人の校長は共創的センスとともに、的確なリーダーシップを発揮している。そこで、改めてリーダーシップの在り方について述べておきたい。

（1）リーダーシップのPM理論

家庭や地域と共創していくためには、保護者や地域住民に対するリーダーシップも求められる。

古くから知られるリーダーシップ論として、三隅二不二のPM理論がある[2]。Pはパフォーマンス（課題達成機能）であり、Mはメンテナンス（集団維持機能）である。このPとMの強弱をクロスさせると、図のような4タイプになる。

Pm	PM
pm	pM

Pmは課題達成機能に優れるが、集団維持機能に劣るタイプで、pMはその反対で集団維持機能に優れても課題達成機能に劣るタイプである。PMは両機能に優れるタイプで、pmはその反対で両機能に劣る。いうまでもなく、PMが理想的になる。

三隅は、職員のモラールの在り方を探るために職場集団に実施した調査結果では、得点が優れた順にPM－pM（原著ではM）－Pm（同じくP）－pmとなったと言う。教師のリーダーシップ（児童も回答）に関しても総合的には同様の順位となった。具体的には学級連帯性はPMとMで高く、児童の規律遵守はPMが最も高い。児童の学校不満はPで最も高く、pmがこれに次ぐ（三隅 1978）。校長に対する調査ではないが、教師を校長に、そして児童を他者にそれぞれ読み替えるとすれば、PよりもMがリーダーシップの鍵を握ると言える。ちなみに、pが弱い場合でもMが強ければフォロアーがpを補強してくれるからである。

ところで、人間性を単純に「冷たい」と「温かい」に分けるとすれば、Pは冷たさを、Mは温かさを、それぞれ伴うと言えよう。つまり、温かい人間性を持つリーダーの方が望ましいのである。

（2）リーダーシップの要素

白樫は数多くの先行調査を集約したアメリカの研究[3]を紹介しているが、これらの研究を踏まえて、「社交性、友好性、対人関係技術などにおいてすぐれた個人は、リーダーシップを発揮しがちである」と述べている[4]。リーダーにとって重要なのは社交性などのM要素だということになる。

筆者は校長の要素を以下の三つに見出している[5]。

● 人柄（人間性）…この人の下なら安心して仕事ができるという雰囲気。それはMすなわち集団維持能力のベースになる。
● ポストの価値…管理職としての校長の地位がフォロアーに及ぼす影響。

●課題達成能力…平常の校務だけでなく、課題発生時の対応も含む。

理想的な校長はこれら3要素をバランスよく備えていることになる。しかし、温かい人柄（人間性）に欠け、課題達成能力とポストの価値が強すぎると冷たさを伴う独善的なリーダーになり、ポストの価値のみに傾斜すると権威主義型になってしまう。課題達成に偏りすぎると、あれもこれもやらねばとなって教職員がついて行けず、空回りしてしまう。

特に、家庭や地域に対して課題達成のための協力を強く求めれば、反感を買うことになるだろう。必要がない時にも協力をお願いしたA校長や保護者に学校支援の理解を求めたB校長は、課題達成を押しつけず、相手の立場や価値を重んじる温かい人間性を有するのである。

また、ポストの価値も重要な場合がある。初めての相手（保護者・住民・関係機関等）に協力を依頼する場合、校長というポストの価値が重要になる。一般教職員よりも校長からの依頼の方が相手は強く受けとめてくれ、見方を変えれば、校長が顔も出さないままだと相手は不快に思うからである。

むろん課題達成能力は欠かせない。課題には予期せず発生する「問題」と将来的に目指す目標としての課題がある。課題を見出すには、「何を埋め・何を正し・何をつくる」かという視点で検討するのである。現在不足している事項を補完・補塡し、問題視されることを解決し、新たに求められる取組みが何かを見出すのである。

二つの課題達成手法

（1）フォア・キャスティングとバック・キャスティング

課題達成を目標とする場合、二通りの迫り方がある。一つはフォア・キャスティングである。これは、現在抱える問題を徐々に解決していくための手順を前（フォア）に踏んでいく手法である。例えば、不登校が問題なら、次年度には何に取り組み、どの程度件数を減らすかを検討し、その何年後には件数をゼロにしていくという手順で計画していく。

一方のバック・キャスティングは、数年後の目指す理想的な学校像を実現するために、将来目標から現在までに取組みの手順を手前（バック）に計画してくる手法である。例えば、ある中学校は「全国に誇れる学校」という目標を掲げているが、それが3年後の目標だとすれば、2年後には何に取り組み、1年後には2年後の準備のために何に取り組めばよいかという逆算的手順で計画するのである。

（2）バック・キャスティングによる共創実現

家庭・地域共創の取組みにはバック・キャスティングの手法が望ましい。「共創」による理想の学校像や児童生徒像などを掲げて、その実現のための順を手前に位置付けていく。「学校教育目標」が継続的な目標であるのに対して、バック・キャスティングでは数年間に目指す目標を設定し、これを終えた後には進化した目標を新たに検討することになる。近年、高校では魅力化を目指して、様々な目標が示されている。例えば、長崎県立松浦高校の「"シン化する"学舎（まなびや）を目指して」は、「学びを深める」「進路指導の実現」「力を伸ばす」の三つのシン（深・進・伸）の実現を具体的目標にしている。島根県立隠岐島前高校は「魅力的で持続可能な学校と地域をつくる」を魅力化のビジョンとしている。

高校の魅力化は徐々に広がっているが、小中学校では就学指定の関係も影響してか、今ひとつ浸透していない。今後はすべての校種で共創的視点から魅力化を図り、そのための目標を設定して、バック・キャスティングの手法を用いることが期待される。

ネット・ワークとノット・ワーク

そうした課題達成の体制づくりにはノット・ワークが適する。ノット（knot）とは「連結」のことで、ノット・ワークとは、特定のタイトなつながりであるネット・ワークよりも穏やかなつながりを意味する。

ネット・ワークの場合、一定の固定したメンバー間で活動が取り組まれるが、課題によってはさほど関係性の強くないメンバーも関わらざるを得なくなるため形骸化しやすい。これに対して、ノット・ワークは、何か達成すべき課題が発生した場合、その課題に適したメンバー等を募り、課題解決後にはそのつながりを解くような協働の在り方になる。

つまり、目標が共創による「社会に開かれた教育課程」に関するものであれば、その課題に関わるメンバーで結び、働き方に関する課題であれば、企業等も交えた専門家等で結び、それぞれのノット・ワークを築いていくのである。

ボスとは異なるリーダーの在り方

最後に、トヨタ自動車の豊田社長（当時）が労使協議で語ったボスとリーダーの違いについて取り上げてみたい[6]。これはイギリスの高級百貨店チェーンの創業者であるハリー・ゴードン・セルフリッジの言葉だとされる。以下に簡単に紹介しておこう。

◆ボスは私という。リーダーは私たちという。
◆ボスは失敗の責任を負わせる。リーダーは黙って処理する。
◆ボスはやり方を胸にひめる。リーダーはやり方を教える。
◆ボスは仕事を苦役に変える。リーダーは仕事をゲームに変える。
◆ボスはやれと命令する。リーダーはやろうという。

豊田社長の語りにはないが、この後に「ボスは自分の考えと異なるものを排除する。リーダーはより良いアイデアをメンバーから吸い上げる」が続く。

したがって、ボスは独善的であり、リーダーには「共創」的センスがあると言ってよい。「共創」にあたって校長は、「ボス」にならないよう、保護者や住民と共に「私たち」として意識し、何か問題があれば黙って処理し、自らの方針を伝えると同時に保護者らのアイデアを汲み取り、活動を一緒に楽しく進める「リーダー」としてのセンスと人間性が望まれるであろう。まさに、前述のA校長とB校長はボスではなく、リーダーだったのである。

【注】
1　ベンカト・ラマスワミほか著、山田美明訳『生き残る企業のコ・クリエーション』徳間書店、2011年
2　三隅二不二著『リーダーシップ行動の科学』有斐閣、1978年
3　アメリカの心理学者のStogdill,R.M.（1904-1978）及びBass,B.M.（1925-2007）による。
4　白樫三四郎著『リーダーシップの心理学』有斐閣選書、2001年
5　佐藤晴雄編集『教師の背中を押す校長・教頭の一言』教育開発研究所、2014年
6　「ボスになるな リーダーになれ トヨタ春交渉2020第2回」トヨタタイムズHPより。

Profile

さとう・はるお　日本大学文理学部教育学科教授、放送大学客員教授。大阪大学大学院博士後期課程修了、博士（人間科学）。東京都大田区教育委員会、帝京大学助教授などを経て2006年から現職。中央教育審議会専門委員、文部科学省コミュニティ・スクール企画委員などを歴任。主な著書に、『コミュニティ・スクール』（エイデル研究所）、『教育のリスクマネジメント』（時事通信社）ほか多数。

学校のコンプライアンスを醸成する校長
当事者意識の醸成と研修による「学び」

茨城大学教授
加藤崇英

コンプライアンス問題の背景と強調の理由

「コンプライアンス（compliance）」は、「法令遵守」と訳されるのが一般的である。特に90年代後半以降、金融や経済のグローバル化が進展していき、国際的なルールが整備される一方で、わが国では企業の粉飾決算や会計事務所の監査不祥事、證券会社の特定顧客に対する損失補塡などが問題となった。また、こうした企業の予算・決算問題や金融業界における問題に止まらず、その後、より多くの一般的な消費者の購買対象についても問題が発生した。すなわち牛肉偽装事件や農薬入り冷凍餃子事件、マンション耐震強度偽装事件などの問題であり、これらの事件を教訓に消費者庁の発足にもつながっていた。

このように様々な業界で市場や消費者、そして広く国民の信頼を損なう事件が次々と発生したことを発端としてコンプライアンス問題は課題となっていった。つまり、これらは一企業・一経営者の責任問題に止まらず、業界全体の信用問題に関わっていく。そしてインターネット社会の今日では、これらが瞬く間に多方面にわたって影響することから、特に大企業を中心に各業界は法令遵守（コンプライア

ンス）の態勢が重要視されてきたといえる。

われわれ学校教育の領域もこうした状況と無関係ではない。かつては、学校教育の分野に限らず、"暗黙の了解"としての信頼によって組織が支えられていたといえる。しかし、70年代の後半以降、特に80年代には校内暴力やいじめ問題が深刻化していった。90年代には不登校児童生徒が増加し、学級崩壊や学力低下といった問題も持ち上がった。こうした問題への対応に学校・教育委員会への風当たりはいっそう強くなっていった。そして、それまで信頼されてきた教師も、基本的な指導力に疑念を持たれるだけでなく、わいせつ事件等の不祥事に関する事件も数多く報道されることで信頼を失い始めた。

2000年代に入って、学校は自主性・自律性を求められると同時に「開かれた学校」を推進し保護者・地域と連携・協力を進めることがいっそう求められるようになったが、その際、学校が各種の法令を遵守して運営されることはいうまでもなく"前提条件"であり、学校管理職にとってその履行は、いわば責務といえる。つまり、新しく構築すべき信頼関係は「法令遵守」、すなわち「コンプライアンス」に対する適切な取り組みをベースにしていかなくてはならない。

学校は、元来、「法令遵守」を旨とする各種の法規定の上に成り立っていると指摘できる。すなわ

ち、国家行政組織法や地方自治法があり、さらに設置者管理主義の原則に則って、学校教育法及び地教行法等において学校管理に関する義務が、また国家公務員法、地方公務員、教育公務員特例法等において教職員に課される義務が、それぞれ規定され、そのなかで「法令遵守」に関する規定は少なくない。

このように元来、法的に整備されているなかに「法令遵守」の強い意味合いが込められている。しかし、そうであるにもかかわらず、なぜ、わざわざ「コンプライアンス」という言葉が用いられ、さらに強調されているのか。

コンプライアンスとは、法令そのものの遵守を基本とし、またその法令のなかに何らかの業務・義務遂行に関する遵守の規定があり、さらにそういった遵守がいっそう促進されるように、そのための指針やガイドライン等の整備があるという、これら関連する規定の全般をその範囲としている。そして、「法令遵守」が単に非行や非違行為が無かった結果ということだけでなく、そのような非行や非違行為が起きないように組織としての体制を整備し、運用していること、またそうした体制整備や運用実施に組織としても個人としても努力していること、これらについて組織外から見えるかたちで取り組んでいること、これらが求められる時代であると解する必要がある。ここに「コンプライアンス」という言葉の使用の意味合いが込められているといえる。

「当事者意識」醸成の重要性

学校のコンプライアンス問題として、例えば組織の課題としては、いじめ防止対策が挙げられる。「いじめ防止対策推進法」（平成25年）があり、「いじめの防止等のための基本的な方針」（平成25年、最終改定平成29年）が出されており、各種の通知

がある。これらに示された組織体制を構築し、いじめ防止に努力することそのものが学校のコンプライアンスの履行として重要といえる。

一方で、個人の課題としての学校のコンプライアンス問題を指摘できる。すなわち教職員個人の非行や非違行為の防止である。すでに確認したように教職員として求められる責務や倫理、また公立学校の教員であれば公務員としての諸規定もあり、自らこれらを把握し、遵守するとともに関連の研修・指導の機会は必ず設定されている。そして、こうした職務倫理を有した個人が組織を構成する。つまり、そのような組織は全体としても倫理性を保っているとされる。だが、問題は起こってしまう。

教職員のコンプライアンス問題で上位に挙げられるのが「飲酒運転」「わいせつ行為」「体罰」である。これらへの対策の理想としては、日頃から風通しの良い組織づくりとともに、声掛けや働きかけによって学校全体でコンプライアンスを醸成していくことである。しかし、一方で、教職員個人の不祥事そのものは自己の責任であり、その危機の起こりは極めて個人的である場合が多い。そして、こうした個人の責任問題と解されることで「自分には関係がない」として他人事としてしまう場合が少なくない。つまり、真面目に取り組む大多数の教職員にとっては「当事者意識」が持ちにくいことが少なくない。

「当事者意識」が薄い組織はどうなっていくか。他人事としたり、無関心の意識が蔓延したりすれば、それは危機に対する意識の緩みとなり、一部の教職員の間で軽度の非行や非違行為に繋がっていく。そのなかで「自分は大丈夫だろう」とか、「自分はバレないだろう」などと認識することで行為は徐々にエスカレートしていく。そして周りが「見て見ぬ振り」や黙認をすることで拡がりに拍車を掛けてしまう。

すでに確認したように、法令があり、ガイドライ

ンがあるといったコンプライアンスの全体から、管理職としては校内研修や職員指導といったかたちでコンプライアンスの醸成を図る必要がある。確かに教育活動や校内研修が様々に活発化している学校であれば、倫理面でも意識が高い場合が多いので、教育委員会が通知している内容をそのまま伝え、簡単な研修を通して「皆で気をつけていきましょう」ぐらいの声掛けで通じる場合もあるかも知れない。

　だが、筆者が見聞きしてきた学校でもそう簡単ではなかった。例えばコンプライアンス研修をただ義務的に実施してもどこかよそよそしい研修になってしまい、いわば"シラケ"てしまう。ただ、そこで無理に押しつけてしまえば、今度は逆に雰囲気を損ないかねない。それを察して管理職の側も教職員に負担を掛けまいと、ごく簡単な内容で済ませようとすれば、これでは本気度を見透かされてしまい、淡々と事務的に物事が進むだけとなる。こうしたなかでは手元で別の仕事やスマホいじりが始まってしまう。また、教育活動や校内研修が様々に活発化している学校でも働き方改革の影響で時間に対する意識が高く、単なる研修では時間の無駄と見なされかねない。

コンプライアンス研修
～わいせつ防止研修を例に～

　なかなか"特効薬"はないが、筆者のこれまでの経験（推進校におけるコンプライアンス研修の参観、筆者自身のコンプライアンス研修の経験など）からいえることは、コンプライアンス研修の場を、なるべく能動的な「学び」の場とすることがもっともコンプライアンスの醸成につながると考える。

　以下の①～③の内容があることが良い条件といえる。①「データ」や「エビデンス」の提示。②事象や状況の特徴の整理であり、傾向の分析を含んだ解

釈の提示。③課題の把握であり、具体的な方策の立案ないし提示である。ここに能動性、つまり教職員自ら提示したり、意見を述べたり、話しあったりするプロセスを含めることで参加の度合は高まる。こうした能動的な関与があれば、少なくとも研修前にもっていた研修に対するネガティブな意識は改善される場合が多い。「やってみたら意外と良かった」と思わせる研修の積み重ねが学校における「当事者意識」の醸成には必要と考える。

　ここでは筆者が参観したり、実施したりしたコンプライアンス研修で取り扱った「わいせつ防止研修」を例に先の①～③として考えたい。

　①必ずしも何か特別な研究データという必要はなく、新聞や教育雑誌で得られるものでも十分である。また文部科学省の資料も充実したものが多く、例えば「平成30年度公立学校教職員の人事行政状況調査について」（ホームページ公開）の情報も非常に詳しいものが掲載されている。

　②上記の文科省データからも、わいせつ事件の傾向ははっきり指摘できる（ここでは数値の解釈等は省略）。男性がほとんどであり、全国調査の結果からは、年代・校種による発生率は均等（差がない）である。自校の児童生徒・教職員に対するものが多い。一般教職員への相談で発覚することが多いが、一昔前と比べると、相談機関への相談実績が少しずつ増えている。また、事件の例としては「顧問（県立高、30代男性）を務める部に所属する女子生徒をLINEで呼び出し、車中でわいせつ行為に及ぶ」（2015年10月）というものがあった。先の全体的なデータを踏まえたうえで分析・解釈とともにこうした個別ケースが検討されるとなお良いといえる。

　③わいせつ行為は、体罰や飲酒運転等と比べると、個人の普段の振る舞いや、行動や言動の表面上からは把握できないことの方が多い。留意点は、状況が見えにくく、また、被害者が声を上げにくい点である。発生のタイプや属性からは、どこの職場で

も起こりえるものとしての対策が必要である。また相談窓口やカウンセリングの実績は増えているが、これらに頼り切るというのではなく、協力関係をいかに構築していくかが課題である。SNSについては、原則禁止が多いが、届け出を前提に例外的に「業務利用」（連絡、招集など）を認めてきたところもある。生徒との関係のなかで「業務利用」がズルズルと「私的利用」になって事件に至る。利用しなくてはいけない場合も利用ルールと利用実績・実態をオープンにすることが必須といえる。

　こうした研修ではインターネットの動画教材を用いたり、外部講師を招いたりすることももちろん効果がある。留意すべきは意見交換をさせること、「話させる」「言わせる」研修そのものが予防・対策にもなるということである。こうした具体的なアクションを伴って、身近な教職員に相談しやすい雰囲気づくりにつなげていくことが重要である。

教職員の「学び」による
コンプライアンスの醸成

　今日の学校経営の難しさの一つに法令やガイドラインに関する情報量の多さが指摘できる。例えば、先述した「わいせつ防止研修」にとって、児童生徒との関わり方に対する基本的な理解が重要になってくる。よって、生徒指導や教育相談に対する理解が重要となってくるが、そこで重要といえる文部科学省『生徒指導提要』（令和４年12月）が先頃改訂されたが、その内容理解には、今度は「チームとしての学校」に対する理解が必須となっている。このように基本法令から、指針やガイドラインといったものが幾層にも積み重なっている。

　とりわけ「コンプライアンス」とは「法令遵守」であるから、法令やこれを取り巻く制度・政策を抜きにはできない。仮に、こうした法令や実際のデー

タをはしょってしまうと、結果、非行や非違行為の禁止という行動制限の指導ばかりが強調されてしまい、多くの教職員は「そんなことは分かっている」となってしまい、先述したような"シラケ"を生み出しかねない。また、若い教職員を中心に単なる組織の平等性や同調性を嫌う傾向が見受けられる。よって具体的な知識や情報の修得と方策の立案という「学び」を通じた不祥事撲滅に対する意識や理解を学校全体で共有することが必要であると考える。

　日頃の風通しの良い学校運営を前提とし、管理職や担当者を中心とした組織的対策が基本にはあるが、教職員自らが「学び」を通じて個々人の意識を支える雰囲気づくりに能動的に関わることで、非違行為に対して互いに警鐘を鳴らすことができる、学校のコンプライアンスの醸成が求められている。

Profile

かとう・たかひで　山形大学助教授、国立教育政策研究所主任研究官等を経て、2009年より茨城大学准教授、2019年より現職。中央教育審議会「チームとしての学校・教職員の在り方に関する作業部会」専門委員、文部科学省「教育相談等に関する調査研究協力者会議」委員、文部科学省「学校業務改善アドバイザー」、茨城県私立学校審議会委員、茨城県教育委員会コンプライアンス推進委員等を歴任。著書に『「チーム学校」まるわかりガイドブック』（加藤崇英編著）教育開発研究所（2016）、『教育の制度と学校のマネジメント』（加藤崇英・臼井智美編著）時事通信社（2018）、『学校経営の危機管理―トラブル対応と法的解説―』（天笠茂・加藤崇英監修）第一法規（加除式）ほか。

学び続ける校長

東京学芸大学准教授
末松裕基

行くに径に由らず

これは論語で紹介されている言葉で、漢学者の諸橋轍次さんの本で知った（『誠は天の道―東洋道徳講話』）。何かを学ぶ時、極める時に一つの指針になるのではないだろうか。私も最近、学校の先生と接する時、特に、先生方の学習を支援する際に、繰り返し反芻し、大切にしている言葉である。

新たなことに接し、見通しを立てにくい時、私たちは不安を抱いてしまうことから、どうしても安易なテクニックや答えを求めてしまう。状況を打破しようと焦ってしまうことも多い。それで結局、どん詰まり、来た道を引き返すか、問題を無かったことにするか、問題にすら気づかずに周囲を疲弊させるということが起きうる。目先の損得や打算でごまかさず、つまり、小道を通らず、大道を歩もうということである。

「焦慮は罪である」とカフカは言ったそうだが、物事を考え、学ぶというのはどういうことだろうか。小林秀雄が指摘しているが、「かんがえる」はもともと「かむかふ」で、「か」は「かぼそい」や「かよわい」のように特段意味はない。「むかふ」の「む」は「み」の古語で「身」を意味する。「かふ」は「かう」で「交う」を意味する。つまり、何か事前に分析視点を持って、それを偉そうに物事や状況に当てはめることが「考える」ことを意味するのではない。全身で物事そのものと向き合い交わり、その中で感じ悶え浮かび上がってきたことを受け止めていく、そういうことが「考える」ということだと小林秀雄は私たちに教える。小手先の科学的装い、今で言えば、ハウツー本やエビデンスに私たちが囚われてしまうことへの警鐘を鳴らしていると言える。

続けるのが難しい

校長として日々の現実に向き合うことは、皆さんが努力されていることだと思う。小林秀雄は「困難は現実の同義語であり、現実は努力の同義語である」とも言った。現実と向き合うことは決して簡単なことではないが、小道に由らずに、何をどう努力するかが大切になってくる。

「鍛錬ということほど美しいものは他にない」とポール・ヴァレリーは言ったそうだが、何かを学ぼうとする時に、続けるのが一番難しかったりする。「ひらめきと持続力、この二つを満たす人は本当に少ない」と鶴見俊輔さんも言っていた。

こういうことを考える際に私が思い出すことは、「寝ていて人を起すことなかれ」という石川理紀之助の言葉である。明治・大正の過酷な時代を生き抜き農聖と呼ばれた人で、当時、深刻な問題を抱えることの多かった農村を訪ね歩き、身を挺して農民を指導した。彼は毎日午前1時に起き、その日に自らがなすべきことを考え、午前3時に農民を起こしたそうである。つまり、自分は肩肘を付き、人に指図ばかり偉そうにするようなことは決してなく、また、自らがまず身を起こし正して日々努力を重ねたという二つの意味を先の言葉は表している。

時代は変る

それでは、何をどのように学ぶか。至る所にヒントはある。

例えば、私は最近、若い人に接する際に、理解できないことが以前より増えてきた。若い人が何を考え、どう感じているか、すぐには掴めないことが多くなった。直接、様々な形でコミュニケーションを取ろうとすることももちろんするが、やはりこちらに都合よく解釈したり、自分の正しさに囚われそうになったりする。その際、ボブ・ディランの「時代は変る」（The Times They Are A-Changin'）を何度も聴く。歌詞を書き写し、一緒に声に出し、目の前で起きたことを改めて考えてみたりする。「自分が理解できないことを批判するな」という歌詞は突き刺さる。

また、知り合いにこんな先生もいる。彼は教員生活が10年を過ぎようとした頃、授業をしていて「自分が教員というだけで、生徒が黙って話を聴いてくれているのはなんだかおかしい。このままでは自分がダメになるかもしれない」とふと感じたそうである。それで「自分の話がおもしろくない場合、誰も

聴いてくれないような環境に身を置こう」と思い立ち、落語を始めたそうである。それから40年経つ今も、日々、落語に向き合い研鑽している。大学にもゲストとして来ていただき授業をしてもらっているが、誰に対しても懐に入り、受け止め、話をし、躍動する議論の空間をつくるのがとても上手い。決して威張らない。授業の最後には落語を一席披露してもらうが一級品である。彼は国内外の歴史や古典落語に造詣が深い。

古典から学ぶことは大切にしたい。古典は「クラシック」のことだが、もともとはラテン語である。古代ローマでは軍艦を税金では造っておらず、国家の危機の際に、寄付によって艦隊をつくった。その寄付による艦隊や寄付ができる人々のことを「クラシス」や「クラシクス」と言い、転じて、精神的な危機の際に人々の拠り所となる文化や叡智を「クラシック」と称するようになった。ちなみに、危機に際して拠り所となるものがなく、自分の子ども（プローレー）をなくなく差し出すしかすべがない人々を「プロレタリアート」と言う。日々の業務に追われ、自らを消耗させるだけでなく、子どもすらも売り渡してしまうような労働は避けたい（なお、このような議論について私は古典を論じた今道友信さんの『ダンテ『神曲』講義』を読んで学んだ）。

サークルは「頭蓋」のよう

社長と副社長は、社長と守衛さんくらいの距離があると言われる。つまり経営者は孤独だ。これまでの話から分かるように、対話相手として本をオススメする。詩人のブロツキイは「話相手としては友人や恋人よりも書物のほうが頼りになる」と述べている（『私人』）。ただ本以外にもその孤独を共有できる相手はいる。

ある出版関係の社長をしている方は、自宅に帰る際に、たまに立ち寄る服屋があるそうである。そのお店で扱っている洋服そのものは少し趣味に合わないそうだが、店主とは自営業としての悩みや課題を共有でき、語り合っているなかで、様々なヒントが得られるそうである（話すだけでは申し訳ないから、月に一度は洋服を買うことにしているそうだ）。

またある副校長さんは周囲の校長さんを見ていて、あまり参考になるモデルがいないと感じ、反面教師にも限界があるため、自分で学びたいと人づてに私に連絡をくれた。私が「何を勉強したいですか」と尋ねると「それが分かっていたら連絡しません」とおっしゃった。「ではとにかく本を一緒に読みましょう」とお伝えした。

小林秀雄は「行動するように考え、考えるように行動する」と言ったが、学内外を問わず、気になったら出かけて行って、そこにいる人と話し、何かを得ようとするという別の先生も知っている。彼女の学校経営上の判断や若い人の育成の仕方は自ずと洗練されていく。「知識」とは頭で「知る」だけではダメで、「識る」ということのためには、自己内対話と他者との対話が必要である。

以上の例は、その対話の場を家庭（第一の場所）、職場（第二の場所）以外に持っているということである。そういう学習のための対話の場を「サードプレイス（第三の場所）」と呼ぶ。行政研修が「フォーマル」であり、家庭や趣味が単に「プライベート」であるのに対して、「インフォーマル（自主的）」かつ「パブリック（他者がいて公共的）」というのがポイントである。

「分かりやすい知識」は、私たちの思考や行動を多くの場合、硬直化させ、結果的に問題解決を遅らせる。「すぐに使える知識」は使い捨ての発想に基づき、長期的には自分の学びが使い捨てされる事態も生じかねない。そのような学びを超えるものとして、日常的なサークル的な学びの重要性を再確認したい。

長年、それを追求した鶴見俊輔さんは、「サークルは、私にとっては、自分の頭蓋のように感じられる。ものを考える場であり、そこで思いつくことが多い」と述べた（『教育再定義への試み』）。肩肘張らずに、新聞記事や小説、絵画、映画など気楽に話し合える場を一つでも見つけてみてほしい。

本を読もう

先日、私のゼミに所属する大学生と話をしていたら、「一日にスマートフォンを６時間使っている」と言っていた。オンライン授業などを含めずにである。とても真面目で熱心な学生である。「忙しい」「時間がない」となるわけであるが、この状況をいかに学習によって変えるか、経験の質を高めるかが教育にとって重要になる。私は「一日に一句、スマホについての川柳を詠んでみてはどうですか」と提案してみた。次の週に会うと、まだ慣れてはいないが一生懸命一日一句ノートに書いてつくっていた。

句作の際には鍵のかかる郵便受けにスマホをしまうなどの工夫もしたそうで、スマホの使用時間は３時間半になったそうである。そして、さらに次の週に会うと、「川柳では物足りないので、俳句にして、歳時記も買った」と彼は言い、「景色や季節を肌で感じるようになり、生活リズムも変わってきた」と。わずか２週間であるが、スマホの使用時間も一日２時間ほどになったそうで、非常に素敵な句を朗詠してくれた。さらに私は「どの俳人をモデルにしますか」と尋ね、「松尾芭蕉や飯田蛇笏はどうですか」と伝え、金子光晴と中原中也の本をプレゼントした。

「学ぶ」とは「真似ぶ」であるので、鍛錬はこのようにちょっとしたきっかけで始まる。詩人の茨木

のり子さんは「ほんとうに教育の名に値するものがあるとすれば、それは自分で自分を教育できたときではないのかしら」と言っている（『詩のこころを読む』）。小林秀雄は「対話とは、相手の魂のうちに、言葉を知識とともに植えつける事だ」とソクラテスの言葉を引いて言った。

「本を読もう。もっと本を読もう。もっともっと本を読もう。」「どんなことでもない。生きるとは、考えることができるということだ。」長田弘さんの有名なこの詩をいつも私は想い出している。2022年サッカーW杯の対ドイツ戦後に、岡田武史さんが「歩いていて勝手に富士山の頂上に辿り着くことはない。高い志とそのための準備が必要だ」と言っていた。学習の継続には根気が必要である。新しい環境や仕事に向き合う際には、不安を感じるのは自然なことである。それ自体を抑え込む必要はない（そういうことができると主張する人や本は多いが）。そういう自然な感情は自然に抱いたまま、日々、決められた時間に決められた対話を行ってほしい。私もタイマーを7分セットして、毎朝、行っている。日記や詩の朗読もオススメである。体力も必要なので、食事、睡眠に加え、散歩や筋トレなどフィジカル面の向上もぜひ一緒に意識してほしい。最初から欲張らずに何か一つでいいと思う（そのうちできることが増えてくる）。

本だとまずは小林秀雄の『読書について』。池田雅延さんの「随筆　小林秀雄」と若松英輔さんの「私の本」という連載記事もインターネットで簡単に読めるのでオススメである。池田さんの連載第25回には、小林秀雄が恩師・辰野隆さんの最終講義で教え子として謝辞を述べた感動的なシーンが次のように紹介されている。

「真の良師とは、弟子に何物かを教える者ではない、弟子をして弟子自身に巡り会わせる者である、とは、周知のようにソクラテスの言葉であるが、そ

の意味で辰野先生は、まことに真の良師であった。僕たちが乱脈な青春を通じて、先生のお蔭でどうやって自分自身に巡り会うことができたかは、僕たち銘々が身に徹して知っていることである。」

学ぶ際、ぜひ、良書に出逢ってほしいと思う。選書の基準は再読、再々読に値するか。読書百遍。小道に由って自分を浪費せず、どこまでも自分には期待してほしい。

ちなみに、私の読書の師匠は、元高校教員であり、出版社社長をし、作家、詩人、俳人でもある三浦衛さんだ。私にとっての大道は、彼の教えと彼の著書（『文の風景―ときどきマンガ、音楽、映画』）が示してくれている。

大学の授業で彼の会社を訪問したことがある。彼の詩を一つ朗読してほしいとお願いしたところ、出身地の秋田弁にして朗読してくれた。すると、彼は途中で感極まり涙を流した。学生はどう受け止めればいいか戸惑っていたが、私は三浦さんらしいと感じた。後日、お礼を伝えるとあっけらかんと「母親のお腹の中にいる時から聴いている言葉を声に出し耳で聴いて感情が込み上げてくるのは至って当然のことですよ」とおっしゃった。人と正対し、自分の言葉で生きるとはこのようなことを言うのだと感じた。

Profile

すえまつ・ひろき　東京学芸大学准教授。専門は学校経営学。学校経営政策、スクールリーダー育成を研究。編著書に『現代の学校を読み解く』（春風社、2016年）、『教育経営論』（学文社、2017年）、『未来をつかむ学級経営』（学文社、2016年）、訳書に『教育のリーダーシップとハンナ・アーレント』（春風社、2020年）。

『熱中先生』を目指した教職人生に悔いなし

元川崎市立川崎小学校長
吉新一之さん

■■ "子ども中心" を貫いて学校改革

「大変な中でスタートし、試行錯誤しながら若い人たちが中心となって頑張ってくれました。そのおかげで不登校も大きなトラブルもなくなりました。やりがいのある職場になるようにみんなで力を合わせてくれました。自分としても充実した校長生活を送ることができました。この経験を通して一人一人が身につけた力を広げていって、子どもたちがよりよい教育を受けてよりよい社会をつくれるようにしていってください。本当にありがとうございました」

2019年3月、吉新一之さんは、川崎市立川崎小学校の校長として、最後の言葉を教職員に贈った。再任用を含め7年間、吉新さんが目指したものは、一貫して誰一人取り残さない居場所のある学校づくりだった。が、しかし……。

「赴任当初はため息が出るような状況でした」と吉新さんは振り返る。近隣に大きな繁華街をもつ環境などもあり、学力はもとより、不登校問題にも悩まされる学校だった。子どもの有り余るエネルギーを運動会などの学校行事で発散させていたという。そんな中、赴任早々から、子どもが互いを認め合い、話し合いながら学ぶ授業づくりを提唱したが、初年度は前任校長の方針でと職員から受け入れられず、

教員一人一人に面談をしてやりたいことを伝えると、次々にベテラン層から異動希望が出されていった。

しかし、翌年度、若い教員たちが入ってくると、徐々に吉新さんが目指す、子ども中心の全員参加授業が実現していく。

「みんなが手を挙げられる授業」を師範授業で"実演"し、活発に話し合うことを子どもたちに体験させた。そうすると子どもたちを通じて保護者の評判もよくなり、教員たちにも目指す授業に向かう手応えを持たせることができた。

子どもたちに受容的な風土が芽生えてきたことで、話し合いで学級の規範をつくり、学級の問題を自分たちで解決できるようになった。

全員挙手で全員活躍授業

『熱中先生』を目指した教職人生に悔いなし

学びと教えのスタンダード 『教師の秘伝』を開発

　こうした授業づくりの指針となったのが、自らまとめた『教師の秘伝』だ。「全員が挙手して主体的に学べる集団づくり」「話し合いで主体的に学び深めていく集団づくり」「全員で話し合い、認め合い、注意し合い、規律のある集団づくり」を柱に、授業づくりの要諦や教師のあるべき姿をまとめた、いわば"川崎小スタンダード"を教職員全員が共通理解し、共通性・一貫性のある授業づくり・学校づくりへと進んでいくことになっていった。学級経営と授業改善を一体化させ、今でいう「主体的・対話的で深い学び」を10年前から実践してきたのである。

　全員挙手や学習過程の統一などは、形式的であるとして批判されることもあったが、この授業づくりで若手の授業力が明らかに向上した。「共通性」と「一貫性」にこだわったことにより、教師の全員参加による授業づくりが実現したのである。

共通性・一貫性のある学校経営を

　川崎小学校で辣腕をふるった吉新さんだが、元々は教職志望ではなかったという。大学を卒業後、一般企業の社会人となる予定だったが、たまたま見た水谷豊主演のテレビドラマ『熱中時代』で、子ども

一人一人に全力を尽くす姿に感動。内定3社を蹴って通信教育で教員免許を取得し、晴れて川崎市の教員となった。赴任した学校も2校目の学校も、当時では珍しく話し合いの授業づくりに取り組んでいた学校だった。そこで子ども全員参加の授業づくりを研究し、校長となったときに、『教師の秘伝』を開発。これをバイブルとして、実践研究を続け、2校目の川崎小で全校ぐるみの取組として開花した。

　「いい教育をすれば問題がなくなります。問題がなくなれば教師の働き方改革にもつながります。いい教育でいい社会をつくれる子どもたちを育てたい。その思いがあったからこそ続けてこられたのだと思います」

　校長職最後の1日はどう過ごしたのか──。

　「気になる教師には、できていることを伸ばすように。期待する教師には、どこに行っても活躍できる力を伸ばしていってほしいと伝えました。それ以外は、普通の日常として最後の日を過ごしましたね」

　これからの校長に期待することを聞くと、「偉そうには言えないのですが」と前置きし、「よい教育はよい社会の担い手をつくります。誰一人取り残さないことを念頭に、共通性・一貫性をもった経営をすることが大事だと思います」と語った。

　現在は、神奈川県二宮町の学校現場で指導に当たる日々。"熱中先生"はまだ現場にいる。

（取材／本誌　萩原和夫）

![教師の秘伝]

吉新さんが開発した『教師の秘伝』

教員時代の吉新さん。板書にも工夫を凝らした

経営コンサルタント・船井幸雄語録から学ぶ
校長のリーダー学

岐阜聖徳学園大学教授
玉置　崇

教育分野以外のリーダーから学んだ「校長としてのリーダー学」を書いてほしいという依頼を受けて、真っ先に浮かんだのが故・船井幸雄さんだ。船井さんは、経営コンサルタントで、多くのビジネス書を世に出した人だ。船井語録から学んだ校長の在り方を紹介したい。

トップの器量とは何かというと、人を好きになって信頼する能力だと言えます。自分の能力と部下を比較し、できないことを指摘するのではなく、部下ができることを探し、伸ばしてあげるのは良いトップだといえるでしょう。

この船井さんの言葉は、校長、教頭、教育事務所長といった管理職を、通算14年間務めた経験から深く納得できる。校長をはじめ、すべてのリーダーが肝に銘じておくとよい言葉だ。

この言葉のよさを伝えるために、私が校長をしていた中学校のある社会科教員を紹介する。仮にA先生としよう。A先生の授業は教科書を順次説明するもので、生徒から気づきや考えなどを引き出し発言させる授業からは程遠いスタイルだった。保護者からは、A先生への批判的な声も届いた。

けっして人間的に悪いわけではない。しかし、彼はコミュニケーションが苦手で、自分から進んで話しかけることはあまりなく、職員室での存在感も薄かった。

そこで、私はA先生とのつながりをつくることから始めることにした。船井流で言えば、A先生を好きになるために、意識して職員昇降口や廊下ですれ違ったときには明るく声をかけた。授業での生徒の様子を見たいと言って、短時間だが授業を参観する機会も増やした。

意図的に交わってみて、A先生は、生徒とやりとりしながら授業を進めたいと思っているが、これまでの授業スタイルを変える勇気がない状況にあると感じた。そこで、一緒に教材研究をしてみないかと呼びかけてみた。予想以上に嬉しい表情をしたA先生にびっくりしながら、最初の日程を決めて、二人での教材研究会を始めた。

教材研究で大切にしたのは、その教員の力量を踏まえて話し合うことだ。そこで彼には、「1時間の授業で扱いたい教科書ページに、説明したいところと生徒に考えさせたいところの二種類の下線を引くこと」、「考えさせたいところは、多くても3か所までとすること」と指示した。プロ教師への指示としては低レベルだと思いつつ、船井語録の「部下ができることを探し、伸ばしていくことを大切にする」ことに留意したわけだ。

単純な指示なので対話がスムーズに進み、下線を

引いた理由を聞き、自分が感じることを素直に伝えることで、とても楽しい時間となった。考えさせたいところは、そのための発問を話し合い、自分の専門教科でないこともあって、学びも多くあった。当然、授業参観も行い、彼に合わせた授業技術を伝達することもした。授業は徐々に変化し、生徒との距離も縮んでいった。6回ほど教材研究会を開催しただろうか。教材研究の要点は把握したと思えたので、「もう大丈夫だね！」と伝えて、二人だけのささやかな研究会を終えた。

教室巡回では意識的にA先生の授業を参観したが、生徒の声を聞くことも多くなり、こちらから声をかけて本当によかったと思う。

その後、彼は私たちが運営している「教師力アップセミナー」に参加したり、私が大学教員になった今でも、わざわざ近況を報告してくれたりしている。学び続けることを大切にしている彼とのつながりが、今なおあることも嬉しいことだ。

7つ褒めて1つ指摘するくらいがよいよね。気分がよくなれば、他人の指摘も聞く気になる。まるで魔術にかかったように。

先に紹介した船井語録の追記のような内容だ。二人での教材研究会や授業参観で心掛けたことだ。7つ褒めることは自分の器の大きさが試されると言ってもいい。事実に基づいていなければ、わざとらしい褒め言葉と思われかねない。リーダーとしての観察力が問われるわけだ。この言葉の妥当性は、少なくともA先生との関わりで実証できた。

自分の意見に賛成する人にも感謝、反対する人にも感謝。何事も否定してはいけない。

この船井さんの言葉も校長の力量を高める上で有効だ。私は改革派校長という部類に入っていたと思

う。そのため進んで改善案を発することが多々あった。教頭は校長を支えることを意識していたのか、まずは賛同してくれた。とりわけ私が職員室で教頭に提案しているときは、教職員に聞こえることも意図したのだろう。大きく頷いてくれることばかりだったと記憶している。

しかし、時折、校長室に来て、「本日お聞きしたことを改めて考えてみると、○という視点では効果がないと思うのです」などと、進言してくれた。欠けていた視点の指摘があり、納得することが多かった。こういう教頭とともに学校づくりができる喜びを体感し、「ありがとう」という言葉を何度も伝えた記憶がある。

世の中で起こることはすべて必要、必然、ベスト

総責任者の校長となれば、毎日、気が休まらないはずだ。思いもしないことが起こる可能性はいくらでもある。多くの校長が退職時に「今日まで大過なく終えることができたことでほっとしている」という言葉を発するが、その気持ちはよくわかる。

しかし、何ら問題を抱えず、校長職を終えることはまずない。何か起こって当然だ。そのときは、船井さんの「世の中で起こることはすべて必要、必然、ベスト」という言葉を思い出すといい。ある保護者から「あの教員を辞めさせろ」と激しく、しかも長期間にわたって責められたことがあった。打開できず悩み続けた。そのときに支えになった言葉が、この言葉だ。こうした難問が起こったのは、自分を高めるために必要・必然であって、いずれベストだったと言えることが来ると信じて、日々奮闘した。この言葉は、苦しい時や困った時に気持ちをほんの少しでも軽くするために、自分に言い聞かせる言葉である。

Profile 連載ページ（p.53）参照

次代の子どもを育てる
未来志向のカリキュラム・マネジメントを
提案

福岡教育大学附属福岡小学校

8年間の集大成となった実践発表

　去る2月23日、福岡教育大学附属福岡小学校の研究発表会が行われた。文部科学省開発学校の指定校として、8年間にわたり、教科等を7領域に再編したカリキュラム開発、独自に目指す資質・能力を設定しその実現のために3つの学習スタイルを創り上げた授業改革、それらを有機的に動かしていくカリキュラム・マネジメントなど、学習指導要領のねらいを踏まえた未来志向の実践研究として注目の発表会だ。参加者は体育館を埋め尽くし、関心の高さをうかがわせた。

　福岡小では、現行の教科等を、7つの独自教科「人間科」「社会科」「言葉科」「数学科」「科学」「芸術科」「健康科」に再編し、目指す資質・能力を「創造性」「協働性」「省察性」とした。それらを実現する学習の手立てとして3つの学び「テーマ学習」「リレーション学習」「フォーカス学習」を開発した。「テーマ学習」とは、自分たちで設定した学年テーマを教科横断的に追究していく学習、「リレーション学習」とは、ある教科の課題解決のため他教科との関連を生かしてお互いの教科を往還しながら進めていく学習、「フォーカス学習」とは、それぞれの教科において目指す資質・能力の発揮に焦点化

会場を埋め尽くした参加者

した学習という。このカリキュラム・デザインによって、資質・能力育成の手立てを明確化し、学習内容を重点化することで、現行の標準授業時数を663時間削減することができ、カリキュラム・オーバーロードの問題も解決した。さらに、同校が設定した7つの独自教科の内容を福岡小版学習指導要領として整理するといった壮大な実践研究を実現させた8年間の集大成となる発表会となった。

3つの学びを公開

　授業公開では、6年言葉科「英訳にチャレンジ」、5年社会科「実現しよう！ カーボンニュートラル」、4年健康科「みんなが楽しめるスポーツを探ろう」など8授業が公開された。

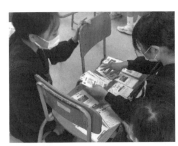

ロールプレイでカーボンニュートラルについて検討

共生社会の実現を目指し、自分たちにできることを提案

英訳の授業。文化の違いなども検討

　英訳は、1枚の絵から会話の順番を推測したり、日本との文化の違いを踏まえた適切な英訳を追究するフォーカス学習を展開。カーボンニュートラルでは、市民・企業・行政のグループに分かれて互いの意見を交換させながら脱炭素社会に向けた提案を、言葉科で学んだ効果的な表現づくりを活用してまとめていくリレーション学習が、そしてみんなが楽しめるスポーツでは、運動の特性や相手を意識した人間的な関わりを意識し、社会づくりにも焦点を当てる人間科・健康科・社会科を教科横断したテーマ学習が披露された。

　資質・能力の育成に効果的な学習のアプローチをいくつかの類型を示しながら提案した形となった。

福岡小の実践から見えた教育の潮流

　プログラムの最後は、福本徹・国立教育政策研究所総括研究官をコーディネーターに、奈須正裕・上

今の教育課題への対応と未来志向の提言が交わされたシンポジウム

智大学教授、田村学・國學院大學教授、石井英真・京都大学准教授の3名のシンポジストによる実践評価と、これからの教育の展望などが話し合われた。

　奈須教授は、これからの教育課題の中心は「多様性」と「包摂性」であるとして、文部科学省の各種審議会や有識者会議等の議論などの動向も踏まえながら、カリキュラム・デザインの方向性を示した。田村教授は、福岡小が策定した「学習指導要領」が、「〇〇を通して、□□に気付く・理解する」といった「方略」と「概念」のセットで統一されていることを評価。このことが教科横断型の実践研究を可能にすることを指摘した。石井准教授は、現行の学習指導要領を実現するため、「主体的・対話的で深い学び」を改めて確認し、確かに実践していくことを求め、資質・能力育成に向かう着実な取組を促した。

　1990年代に新潟県上越市立大手町小学校によるいわゆる「にじ色のカリキュラム」と称した7領域群による教科再編が試みられたことがあったが、それは、生活科・総合的な学習の時間の黎明とともに開発されたカリキュラムであり、現在の総合的な学習の時間を中核に組まれたものでもあった。いわば、学校主体のカリキュラム開発という新しい流れの中で取り組まれたものである。

　今回の福岡小の取組も、アクティブ・ラーニングが求められた時期からスタートし、「個別最適な学び」「協働的な学び」に向かう、新しいカリキュラム・デザインが求められる、学習内容・学習方法の転換期に立ち現れた実践であり、提案であると言える。

　一学校の実践としてでなく、教育の潮流を読み取る取組として注目すべき発表であったといえよう。

（取材／本誌　萩原和夫）

ニューノーマルの学校づくり・授業づくり

教育実践ライブラリ

ぎょうせい 編

2022年5月から隔月発行 全6巻

A4判、本文120頁（巻頭・巻末カラー8頁　本文2色／1色刷り）

セット定価15,180円 (10%税込) セット送料サービス　**各巻定価2,530円** (10%税込) 送料310円

※送料は2022年4月時点の料金です。

いま知りたい情報をギュっと
凝縮して、隔月でお届け

実践ルポ、識者の論考、
管理職の目、授業者の声。
多彩な切り口と具体的ヒントで、
先生方を全力サポート!

ニューノーマルの学校づくり・授業づくりに直結！タイムリーな特集ラインナップ

Vol.1 個別最適で協働的な学びをどう実現するか〜令和の授業イノベーションを考える〜
（5月刊）＊「教える授業」から「子どもが自ら学ぶ授業」へ。これからの授業づくりの改善策を提案。

Vol.2 GIGAの日常化で変わる授業づくりの今とこれから
（7月刊）＊1人1台端末、日常的なICT環境を生かしたこれからの授業とは。具体的ヒントを紹介。

Vol.3 ニューノーマルの学校行事
（9月刊）＊実体験とオンラインの融合など、これからの学校行事のつくり方・進め方を探究。

Vol.4 一人一人に届くきめ細やかな教育相談〜「メソッド」から「レシピ」への転換〜
（11月刊）＊型ありきでなく、多様性を前提とした子ども一人一人に届く教育相談を提案。

Vol.5 評価から考える子ども自らが伸びる学び
（1月刊）＊子どもが自らの学びを認知し、自ら学びを深めていくための評価活動とは。実践的に深掘り。

Vol.6 次代を見据えた学校経営戦略
（3月刊）＊PDCAにもとづき、これからを見据えた経営ビジョンのつくり方を具体的に提案。

実践×研鑽×癒しを1冊で叶える多彩な連載

連載ラインナップ

▶ニューノーマル時代の教育とスクールリーダー

● **異見・先見 日本の教育** 〈各界著名人によるリレー提言〉
＊教育は、どこに向かうべきか。識者による骨太の論説で学校経営のヒントを提供。

● **直言 SDGs×学校経営～ニューノーマル時代のビジョンと実践～**／住田昌治 (学校法人湘南学園学園長)
＊学校の日常をSDGsの視点から見直し、これからの学校経営の進め方を提言。

● **ニューノーマルの校内研修**／村川雅弘 (甲南女子大学教授)

● **誌上ワークショップ! 目からウロコの働き方改革**／〈リレー連載〉澤田真由美 (先生の幸せ研究所代表) ほか

▶次代に向けた授業イノベーション、今日からの第一歩

● **"普通にいい授業"を創る**／奈須正裕 (上智大学教授)
＊資質・能力ベイスの授業づくりをこれからのスタンダードにする知恵とワザを伝授。

● **学びの共同・授業の共創**／佐藤雅彰 (学びの共同体研究会)
＊誰一人取り残さない協同的な授業と教師の学び合いについて、実践例をもとに考える。

● **未来を切り拓く総合的学習**〈各地の学校の取組み紹介〉
＊先行き不透明な時代に一筋の光となる「総合」の学びを探る。

● **子どもが創る授業Ⅲ**／西留安雄 (授業改善アドバイザー) ×授業実践者

● **生徒指導の新潮流**／伊藤秀樹 (東京学芸大学准教授)
＊12年ぶりに「生徒指導提要」が改訂。注目の新視点や手法は?

● **実践先進校レポート**〈各地の学校の授業ルポ〉

▶とことん現場目線 教師のホンネ・学校の日常に迫る

● **教師生活が楽しくラクになる 魔法の作戦本部**／諸富祥彦 (明治大学教授)
＊がんばりすぎて消耗している先生方に送るポジティブヒント。

● **玉置崇の 教育放談**／玉置 崇 (岐阜聖徳学園大学教授)

▶学校現場発! 校長の流儀 ＋ 若手教師の叫び

● **校長のお部屋拝見**〈校長によるリレーエッセイ〉

● **聞いて! 我ら「ゆとり世代」の主張**〈20・30代教師によるリレーエッセイ〉

▶視点がひろがる、学びが得られる、心癒される —— とっておきアラカルト

● **"ふるさと"と私**〈各界著名人によるリレーエッセイ〉

● **「こころ」を詠む**／髙柳克弘 (俳人)

● **「教育漫才」笑劇場**／田畑栄一 (埼玉県越谷市立新方小学校長)

カラーグラビア

◆ **インタビュー・子どもを変える神コーチ**
＊様々な分野の「教える」達人を訪ね、子どもの生き方、心に変化を起こす極意に迫る。

◆ **時空に遊ぶ～曼荼羅のいざない～**／フミ スギタニ (ペン画作家)

◆ **一街一夜物語**／中村勇太 (夜景写真家)

◆ **わが校自慢のゆるキャラ紹介**

■読者限定WEBスペシャル・コンテンツ

✓ Vol.○のイチ押し——ここ読んで!
✓ 実践者からのメッセージ
✓ 学校だより・学級だよりにつかえる「今日は何の日?」
✓ 学級だよりに役立つカウンセリング・テクニック
✓ 直近 教育ニュース・アーカイブ　ほか

＊各巻掲載のQR・URLからアクセスしていただけます。巻ごとに異なる内容です。

● お問い合わせ・お申し込み先
㈱ぎょうせい
〒136-8575 東京都江東区新木場1-18-11
TEL：0120-953-431／FAX：0120-953-495
URL：https://shop.gyosei.jp

僕が僕になるために……

指揮者　飯森範親

「ジャジャジャジャ〜ン！」
「パチパチパチパチ！　ブラヴォ〜〜〜ッ！」
運命の始まりだ！！

　僕はオーケストラの指揮者である。「どうしたら指揮者になれますか？」と尋ねられることもしばしば。全ての子どもには色々な可能性がある。幼少期、音楽に触れるきっかけを与えてくれた家族には感謝してもしきれない。

　僕が３歳の頃、趣味でチェロを弾いていた祖父は、チャイコフスキー作曲『ピアノ協奏曲第１番』をよく聴いていた。名ピアニスト、ルービンシュタインが弾くそのピアノの音色に僕はとても興味を抱いた。「この楽器、なに？　やってみたい！」この瞬間に僕の指揮者人生がスタートした。

　両親は僕の希望を叶え、すぐに行動を起こしてくれた。当時は珍しかったピアノを購入し、レッスン通いが始まった。最初はお遊びの延長だったが、僕の音感の鋭さに気付いた母は、ピアノで複雑な音を叩き、僕はその音を言い当てるという音感教育遊びが始まった。一般的に６歳頃までに絶対音感は備わると言われている。指揮者に必要な重要な能力の一つを母のおかげで得ることができた。

　両親が頻繁に連れて行ってくれた国内外の家族旅行、絵画展や映画鑑賞、野球観戦、音楽会などなど。クラシックコンサートの初体験は1964年４月、渡邉暁雄先生が指揮する日本フィルハーモニー交響楽団の演奏会。この時なんと僕０歳！！　子どもの好奇心を駆り立てる教育方針は、その当時、なかなか理解してもらうのは難しかったようだ。母曰く、ご近所やPTA関係者からの嫉妬、妬みは相当なものだったと聞いた。また今から50年前はまだまだピアノを弾く男の子は珍しく、「ピアノは女の子がやるものだ！」と僕に言ってくる同級生。それでも周りが何を言おうと僕の音楽への興味は尽きなかった。

　10歳の頃、父はラヴェルが作曲した『ボレロ』のレコードを聴かせてくれた。小太鼓が奏でるボレロのリズムと共に劇的なエンディングを迎えるたった15分のその曲は、僕に大きな感動を与え「君は指揮者になれ！」と言わんばかりの大きな衝撃を受けた。

神奈川県鎌倉市生まれの僕は葉山町で育った。このエリアには著名な音楽家がたくさん住んでいる。伝手を頼りながら地元で作曲や音楽理論、指揮法を教えてくださる先生を自ら探し出した。指揮者になるためのレッスンは生易しいものではないのだが何をやっても楽しくて仕方がない。ピアノ演奏の向上、読譜力や作曲法の基礎を身につけることなど、それらの習得には時間がいくらあっても足りない。でも指揮者になりたいという思いはますます強くなるばかりだった。

桐朋学園大学音楽学部は、チェロ奏者で指揮者、そして教育者としても名高い故齋藤秀雄先生によって創立された私立の学校。世界的指揮者、小澤征爾先生の出身校であることでも有名である。当時、小澤先生が同校でレッスンをされていると耳にし、日に日に指導を受けたいという気持ちは強くなるばかりだった。そして同大学の指揮科を目指す決意をした。

日本で活躍する音楽家は、音楽高校から音楽大学へと進む方が多い。しかし僕は神奈川県立の進学校へ進み、学校外での専門的な音楽のレッスンと学業の両立を図りながら、時間のやりくりに苦心。学校から16時半に帰宅し、22時頃までピアノの練習。そして食事に風呂。その後も作曲の課題を毎日コツコツと…そんな時に覚えたのが早朝に学校の授業の予習をし、授業中に復習するという習慣。これはとても効率的！　僕が学業を疎かにせず高校時代を上手く乗り切ることができたのは、この方法のおかげ。当時の習慣は、今もなお、複雑なオーケストラのスコア（総譜）を読むことに役立っている。

こんな10代を過ごした僕は、難関と言われている指揮科に合格。何が難関なのか…当時は全学年で2人だけという狭き門。しかし入学できたからとはいえ指揮者になれるわけではない。4年在籍中に国際コンクール入賞を果たせたが、それでもまだまだ次の道！　人生は人それぞれだが、幼少期に自分の将来の夢を持つことができたのは本当に幸運だったのかも知れない。

今年60歳、還暦を迎える僕はまだ中堅指揮者と言われる世界…僕の楽譜との飽くなき戦いは死ぬまで続く…。

©山岸　伸

● Profile ●

いいもり・のりちか　桐朋学園大学指揮科卒業。ベルリン、ミュンヘンで研鑽を積み、国内外のオーケストラを数多く指揮。パシフィックフィルハーモニア東京音楽監督、日本センチュリー交響楽団首席指揮者、山形交響楽団桂冠指揮者、いずみシンフォニエッタ大阪常任指揮者、東京佼成ウインドオーケストラ首席客演指揮者、中部フィルハーモニー交響楽団首席客演指揮者。2023年4月より群馬交響楽団常任指揮者に就任。
オフィシャル・ホームページ
　http://iimori-norichika.com/

新たな「当たり前」に向かって

あなたにとっての「当たり前」の生活

私がこの記事で、あなたに伝えたいことを実感を持って理解していただくために、まずちょっとした実験をしてみたい。あなたが今日、この文章を目にするまでの間、どんな行動をとったか、思い出してほしい。一日のどの時点でこの本を手にされているかにもよるが、ごく日常的な時間を過ごした人、思いがけないハプニングで忙しかった人など、様々であろう。

さて、そんなあなたが明日目覚めたら、全盲になっていたとする。そうなった場合あなたは、今日と同じような日を送ることができるだろうか？ 視力を使わずして、目が見えている時のような生活を手にする手段を思い描けるだろうか？ あるいは、あなたと同じような日常を生き、社会の中で活動している視覚障害者の姿を具体的に想像できるだろうか？

これは、私の講演の中で、度々聴衆に投げかける質問である。弱視で生まれ、10歳の時に失明をした全盲の視覚障害者である私は、広く社会に思いを伝えるため、和太鼓を中心とした打楽器の演奏とともに、障害当事者でもある社会福祉士として言葉を発信する道を選び活動してきた。近年は、私の発言が単に一障害者の経験談にとどまらぬよう、より社会性を持ったメッセージを届けるため、2011年に単身渡米し、ニューヨークに一年間住んで、「障害学」という、障害にまつわるイデオロギーや社会構造、用語や価値観の変遷などについて科学する学問に触れたことで得られた見地と、日本とアメリカでの生活の比較などをもとに、差別や偏見、多様性等についての考えや思いを語っている。

「当たり前」と「障害」の距離

さて、そのような歩みの中で生まれたのが先ほどの問いなのだが、あなたには「Yes」と答えられたものがあっただろうか。私はこれまで、大人を対象としたものはもちろん、小・中学校や高校での舞台の中でも同じことを聞いている。総数にすればおそらく優に数万人を数えるだろう。けれど、幅広い世代の誰一人として「Yes」と答えてくれたことはない。余談だが、私の場合、「Yesの人は手を挙げて」と聞いても、その手を目視できないので、代わりに拍手をしてもらっている。「明日全盲になっても、変わらない日常を送れるという人は拍手を」と語り掛けると、必ず、耳が痛くなるほどの静寂が会場に満ちる。それは、自らの日常と、「障害者」の日常との距離に目を向け、ハッとすることで生じる静けさなのだろう。

だが、あなたを含めた全ての人に、明日全盲になる可能性はある。2009年に日本眼科医会が、加齢による失明を含め、2007年時点で、日本国内には、約18万8千人の全盲の人がいると発表している。日本の人口を1億2千万人程度とすれば、だいたい650人に一人の割合だ。おそらく現在も似たような状況だろう。先天的、あるいは後天的理由によって視力を持たない人がこれだけいる中、あなたがその一人にならない根拠なんて存在しないはずだ。

近年はメディアや、学校の授業等の影響で、障害者についての認識は以前より格段に上がっている。一人で歩く私に、小・中学生が、誘導を申し出てくれることも多い。しかし、私の講演での問いに物音ひとつ発生しないという事実は、様々な知識や情報が、あくまでも「他人事」にとどまっていることと、障害と共に生きる人生を我が事として考えた

片岡亮太

時、多くの人が日常を手放さなければいけないと考えていることを浮き彫りにする。それで良いのだろうか？　たとえ全盲になっても、工夫をし、種々の支援機器や社会資源を利用すれば、だれでも「当たり前」の生活を送れる。皆で当然のようにそんな前提に立てる社会こそが、多様な人々が平等な環境で共に生きられる、「ダイバーシティ」と「インクルージョン」が実現した社会なのではないかと私は思う。

私の「当たり前」な日常

ではここで私の日常をご紹介しよう。朝7時に起床、着替えの後洗面をし、妻が用意してくれた朝ごはんを二人で食べ、食後は、スマホ、私の場合はiphoneなので、iphone全機種に購入時から搭載されている、音声読み上げ機能「ボイス・オーバー」を用いてSNSやニュースサイト、メールのチェックを行い、歯磨きを済ませる。8時頃、外出する妻を見送り、YoutubeやPodcastをワイヤレスのイヤフォンで視聴しつつ、お風呂とトイレの掃除をしてから、ゴミを集めて町内の回収所へ持っていく（このタイミングに洗濯機を回し、洗濯物を干したり、掃除機をかける場合もある）。そして、庭で、愛犬のブラッシングと歯磨きを終えたら、10時前に自宅のすぐそばにある実家へ行き、自室で、事務作業やトレーニング、稽古を開始。ちなみに今は、パソコンにインストールした音声読み上げソフトを用い、マウスの代わりに、文字通り「ブラインドタッチ」でキーボードを使って、Windowsを操作し、打ち込んだ文字と変換した漢字をリアルタイムで読み上げてくれる音声を聞きながらこの文章を書いている。舞台や指導がある日ならば、最寄り駅まで妻の車で送ってもらい、そこからは白杖を使って、駅員の方に誘導を頼んだり、場所によっては独力で歩いて目的地へ向かう。

いかがだろうか。行動するうえで必要な工夫やサポートはあるものの、やっていること自体は世間の平均とあまり変わらないのではないかと思う。現代はこういうことが可能なのだ。また、周知のとおり、日本の視覚障害者が企業勤め、教員等各種公務員、マッサージ業、弁護士、アスリート、音楽家、専業主夫・主婦等、幅広い職業に従事している現状において、私の生活は、視覚障害者としての平均からも外れてはいない。しかし一方で、私たち視覚障害者にとって命に係わる横断歩道の音響信号が、「うるさい」との理由で、夜間は音が出ないように設定されてしまったり、盲導犬同伴で飲食店に入店することを「迷惑」と断じられてしまうこと、視覚障害者のことを考慮していない商品や社会構造によって、多くの人の「当たり前」から取り残されてしまうことなど、障害があることで「不公平」な状況に追いやられてしまうことが日常茶飯事であることもまた事実。そういった現実を様々な角度からお伝えすることも私は大切にしている。

「出会う」こと、「共に過ごす」こと

ところで、「明日全盲になっても生活できますか？」という質問に、「大丈夫だと思う」と答えてくれた人が一人いる。私の妻だ。彼女は私が在米している時に出会ったミュージシャンで、共演を機に親しくなった。妻にとって私は生まれて初めての視覚障害者の友人。それゆえ彼女は、誘導の仕方や、全盲の人の生活術を、時間を重ねながら、一つずつ知っていった。「見える」ことが当たり前の妻と、

「見えない」ことが当たり前の私の間では、現在もしばしば意見の衝突や見解の不一致は生じるが、それらすべてを「異文化コミュニケーション」と呼び、これまで「共に生きる」ための新たな視点をお互いに模索してきた。

そんな妻が今では、万が一自分が全盲になってもどうにかなると感じていることや、街中の点字ブロックの上に立ち止まったり荷物を置いている人の存在が自然と目に留まるようになったと伝えてくれることに、私は「出会う」ことの大切さを改めて学んだ。確かに、妻以外にも、目が見える友人の多くから、私と一緒にいると気づきが多いと言われることは少なくない。つまり、今日「ダイバーシティ」という言葉に総称される、社会を多角的、多面的に捉える視点を得るうえで、直接出会い、時間を共に過ごすことは、それだけ意味ある経験になり得るということなのだろう。思えば私自身の過去を振り返っても同様のことが言える。

「当たり前」が揺さぶられた経験

網膜剥離により突如全盲になった10歳の時、私は、何もできなくなったという思い込みにとらわれていた。ところが、一般の小学校から転校した盲学校（現・視覚特別支援学校）には、同じように全盲でありながら、学校中を走り回ったり、点字ですらすら本を読み、文章を書く同世代の子供が何人もいた。あの感動と驚きは今でも忘れられない。そして私も徐々にその仲間入りを果たしていった。また、同校には、視覚障害だけでなく、知的な障害を重複している子供も多く、とりわけ私の在校時には、重度の障害のある友人が多数いたのだが、当初私は、戸惑いのあまり、彼らを「気持ち悪い」と思っていた。

奇声を上げたり、時に暴れたり、麻痺でうまく閉まらない口から、始終よだれをたらしたりしている同級生たちを、「友達」とはどうしても思えなかった。

心の奥底で拭いきれない嫌悪感を抱いていた私は、ある日、そんな同級生の一人が、一度も私の名前を自発的に呼んでくれたことがないことに気づく。いわゆる会話らしい言葉のやり取りは難しくとも、担任の先生たちの名前ははっきりと口にしているのになぜ？　たどり着いた答えは、私の中にある彼らへの軽蔑だった。当時、視力のことで、見知らぬ他人から同情されたり、からかわれたりすると、悔しさのあまり涙が出るほどだったのに、私は同級生たちに、もっとひどい感情を向けている。そう気づき、反省した翌朝、私は、「片岡君」と呼んでもらえた。一般に「重度の知的障害者」とされる彼が、私の内面の変化を察知し、許し、受け入れてくれたという経験は、今でも私の宝物だ。そして、そんな日々が私を社会福祉士になる道へと導いてくれた。

大人になってからで言えば、2011年の渡米が最も印象深い。当時「障害学」を学んでいたコロンビア大学の大学院では、広い校舎の全教室の番号やトイレの男女の区別が、点字や立体文字で示されていた。視覚障害のある学生や教員が何人もおり、音声読み上げなどの設備が整ったパソコン室や、教科書を点字や電子データに変換したり、手話通訳の派遣をするなど、視覚や聴覚をはじめ、種々の障害のある学生に対応する専門のオフィスもあり、留学生も多かったあの大学院において私は、なんら特別な存在ではなかった。そんな環境下で学んだ、「インクルーシブ・エデュケーション」（統合教育）に関する授業の中で読んだ本に、「障害の有無、LGBTQ、肌の色や宗教、言語の違いなど、多様な子供が共に学ぶことがインクルーシブ・エデュケーション」と書かれており、アメリカではそこまで広く子供たち

●Profile

かたおか・りょうた　筑波大学附属視覚特別支援学校音楽科非常勤講師、静岡県立沼津視覚特別支援学校学校運営協議員。静岡県三島市出身。11歳の時に盲学校の授業で和太鼓と出会う。2007年上智大学文学部社会福祉学科首席卒業、社会福祉士の資格取得。同年よりプロ奏者としての活動を開始。2011年ダスキン愛の輪基金「障害者リーダー育成海外研修派遣事業」第30期研修生として1年間単身ニューヨークで暮らし、ライブパフォーマンスや、コロンビア大学内の教育学専攻大学院ティーチャーズ・カレッジにて、障害学を学ぶなど研鑽を積む。現在、国内外での演奏、講演、指導等、活動を展開。2016年、今後の活躍が期待される若手視覚障害者に贈られる「第14回チャレンジ賞」（社会福祉法人視覚障害者支援総合センター主催）、2019年、今後の活躍が期待される若手障害者に贈られる「第13回塙保己一（はなわ・ほきいち）賞奨励賞」（埼玉県主催）等受賞。

の多様性を捉えて、議論が展開されているのかと心打たれた。これらの経験によって、「当たり前」が揺るがされ、価値観の再構築、あるいは再発見と呼ぶべき機会を得られた私の歩みを多くの人と共有することは、私だからこそ果たせる役割の一つだと考えている。

新たな「当たり前」に向かって

　さて、ここまでの話を踏まえ、あなたが働く学校やあなた自身の心には「ダイバーシティ」や「インクルージョン」と呼べる設備や心構え、知識は備わっているだろうか？　例えば、全盲の子供や教職員が共に過ごすことになったとして、その人が周囲と平等に学び、働ける環境はあるだろうか？「Yes」なら素晴らしいことだが、「No」だったとしても、悲観しないでほしい。私が友人たちを差別していたことを自覚し、変われたのと同様、身近に、多様性を具現化できていない状況があることや、自分の中の誤解や偏見、無知を知ることなくして、ダイバーシティやインクルージョンの実現とは存在しえないと私は思う。バリアフリーやユニバーサルデザインの取り組みを探すように、障害者をはじめとするマイノリティにとって過ごしづらく、不公平な現実があることを皆で知ることが最初の一歩。その一助になり得るのが、「出会い」、「共に過ごす」ことではないだろうか。

　もしもあなたに、障害をはじめ、一般にマイノリティとされる特徴を有する友人や家族がいないのであれば、一手段として、特別支援学校や障害者団体の協力を得て、障害のある人と、食事に行ったり、お酒を飲んだり、旅行へ行ったり、買い物に行ったり……、そういう何気ない行動を共にしてみてはいかがだろう。あなたの日常を、あなたとは異なる身体の特徴のある人たちと共に過ごすことは、社会に対する新たな視点を持つきっかけになるはずだ。そのような体験を経て、子供たちに、ダイバーシティやインクルージョンについて伝えられたなら、そこに宿るメッセージの重みは計り知れない。私にその気づきのお手伝いをさせていただけたら光栄だが、それが叶わずとも、あなたが暮らし、働く地域にも、障害がある人はいる。そういう人材とタッグを組み、あなたや子供たち、さらには社会の「当たり前」を見直す機会をぜひ作ってほしい。

　そして、まさに今、私たちは、こういう学びを深める絶好の時を生きている。そう、2020年来のコロナ禍があったからだ。この3年間、私たちはウイルスそのものや、感染のリスク、ワクチンやマスク着用について、人それぞれに千差万別の考えがあることを知った。家族の中ですら、意見が一致しなかった人も少なくないだろう。世界中でたくさんの「当たり前」を手放し、時にぶつかり合い、混乱したり、途方にくれたりしながら、新しい生活や価値観にたどり着き、ここまで歩いてこられたこと。それは紛れもなく、私たちが新しい「当たり前」を発見し、構築できたということに他ならない。あなたと私は違う、だから理解し、認め合うことが必要。コロナ禍を生き抜くために私たちが否応なく身に付けることになった、そういう柔軟な視点や行動と、障害やジェンダー、多様な性に目を向け、必要な対応を検討、実施することとは遠いようでいて本質的には変わらないことだと私は思う。

　多くの苦しさに耐えなければならなかったコロナ禍で得た学びと気づきを、「共生社会」という大きな花の開花に結び付けることができた時、この3年間の意味は変わる。私は、あなたと共にそんな未来に向かっていきたい。

玉置崇の
教育放談
[最終回]

自ら情報を取りに
いく姿勢を持とう

岐阜聖徳学園大学教授
玉置　崇

「今度は個別最適な学びと協働的な学びですか?」という問いに驚き

ある校長が、私に次のように言われました。

「文部科学省は、今度は『個別最適な学びと協働的な学び』を推進せよと言っていますね。ということは、これからは『主体的・対話的で深い学び』ではなく、『個別最適な学びと協働的な学び』の実現に向けて頑張れっ！ てことですね。次から次へ変更してきて、現場にどうしてほしいのだろうと思いますよ、まったく！」

以前から「文部科学省は現場のことをわかっていない」とボヤいておられた方（ちなみにそういった方はけっこう存在します）で、その気持ちを口に出されたようです。

私は思わず「えっ、そのように理解されておられるのですか！」と返してしまいました。その校長は、校長職を経験した私なら同意してくれると思って発言されたのでしょう。ところが、同意するどころか、あなたのとらえはおかしいという返しをしたので、その場の空気が固まってしまいました。

校長が勘違いしているのを残念に思いながら、どうしてそうなってしまったのだろうと考えてみました。あちこちで講演をさせていただいている身としては、情報を伝えた側に問題があったのではないかと推測しつつ、校長は自分で情報の真意を確かめていないのではないかと考えました。

個別最適な学びと
協働的な学びの位置づけ

読者の皆さんなら誤解はないと思いますが、この校長のとらえは完全に間違っていることを文部科学省「学習指導要領の趣旨の実現に向けた個別最適な学びと協働的な学びの一体的な充実に関する参考資

■profile■
たまおき・たかし　1956年生まれ。愛知県公立小中学校教諭、愛知教育大学附属名古屋中学校教官、教頭、校長、愛知県教育委員会主査、教育事務所長などを経験。文部科学省「統合型校務支援システム導入実証研究事業委員長」「新時代の学びにおける先端技術導入実証研究事業委員」など歴任。「学校経営」「ミドルリーダー」「授業づくり」などの講演多数。著書に『働き方改革時代の校長・副校長のためのスクールマネジメントブック』（明治図書）、『先生と先生を目指す人の最強バイブル　まるごと教師論』（EDUCOM）、『先生のための「話し方」の技術』（明治図書）、『落語流　教えない授業のつくりかた』（誠文堂新光社）など多数。

料」（令和3年3月発行）をもとに説明しておきます。以下の「本資料作成の趣旨」の一部を読むだけでも、とらえ違いがよくわかります。

> 学習指導要領に基づいた児童生徒の資質・能力の育成に向けて、ICT環境を最大限活用し、これまで以上に「個別最適な学び」と「協働的な学び」を一体的に充実し、主体的・対話的で深い学びの実現に向けた授業改善につなげるとともに、カリキュラム・マネジメントの取組を一層進めるに当たり、留意することが重要と考えられる内容を学習指導要領の総則の構成に沿ってまとめました。

　主体的・対話的で深い学びを実現するためには、「個別最適な学び」と「協働的な学び」を充実させることが有効であると示しています。けっして、主体的・対話的で深い学びを変えると言ってはいません。人は、新たな文言が出てくると、それに置き換わると思い込む傾向がありますので誤解したのかもしれません。

　GIGAスクール構想もしっかりと位置づけられています。「ICT環境を最大限活用」することによって、主体的・対話的で深い学びの実現につながると明言しています。これを踏まえれば、1人1台の情報端末の活用によって、子どもたちの学びが変化することが求められます。

　情報端末配備初年度は、まずは使うことを目的としても致し方なかったと思います。しかし、それが現在も継続したままの学校が散見されます。つまり、端末を活用することが目的となったままなのです。教育委員会への端末稼働報告も、その活用内容を顧みることをせず、時間のみ報告している学校もあるようです。これでは管理職の見識が疑われてもしかたがありません。

情報は自ら取りにいく姿勢を持とう

　学校管理職や教育委員会指導主事など、教育の最新情報を得るべき立場の方々と話すときに、この方は大丈夫だろうかと心配になることがあります。情報にとても疎い方がおられるのです。こうした方々は、自ら最新の教育情報を手に入れる努力を怠っているのだと感じます。だからこそ、先に紹介したような誤解をしたままの方がおられるのだと思います。

　文部科学省サイトでは、会議開催前から、その会議での検討事項やそれに関連した資料を得ることができます。また、翌日には、そこで出された委員の意見をコンパクトに発信している新聞社もあります。その気になれば、資料を手に入れることができます。会議後、フェイスブックに自らの発言を掲載している委員もいます。

　アンテナを高くしておけば容易に最新情報を手にすることができる時代に、待ちの姿勢であっては自らリスクを背負うようなものです。この機会に、自分が情報を得ている手段を整理してみてはどうでしょう。私は、かつて先輩に「少なくとも給料の2、3割は書籍代に充てるべきだ」と言われたことがあります。その言葉に従って、一月に数冊の教育書やビジネス書や定期雑誌を数種類購入していました。内容をさあっと眺め、役立ちそうだと勘が働く箇所だけの拾い読みでしたが、自分を高めるのに大いに役立ちました。まだ校務支援システムがないときに、システム開発を発想できたのは、社内ネットワークを駆使して業務を行っている企業事例を読んだからです。したがって、この冒頭で紹介した校長のような勘違いはしなかったと自負できます。

子どもは常に新しい自分を生きている

上智大学教授
奈須正裕

座席表に基づく計画指名が奏功しない時

授業の最後に、子どもたちに今考えていることを書いてもらい、クラスの机の配置を描いた紙の一人ひとりの座席の位置に、その子の考えの要点を書きこんでいきます。そう、座席表です。これにより、子どもたちの考えが一目瞭然で見渡せますし、さらに座席表の上で指導計画を練ることもできます。どの子とどの子が似た意見、対立した考えを持っているかを見渡しながら、ならば次時の冒頭ではまずこの子の考えを聴き、次にこの子を指名して反対意見を出させよう、といった具合です。いわゆる計画指名ですね。

しかし、いつもうまくはいきません。三日前の振り返りでは強いこだわりを持っていたのに、そして今まさにそのことを話すべき場面なのに、挙手してきません。ならばと、指名してみると、すっかり違うことを語り出したりするのです。

「あのさあ、それもいいんだけど、誰も気づかなかったすごい発見があるでしょう。それを先生、みんなに聞かせてあげたいなあって。振り返りの真ん中あたり。実験結果から不思議に思ったってところの。あっ、それじゃなくて、もうすこし後。そう、それそれ、そこのところ。自分の

言葉でいいからお話してくれませんか。どうしたの？ 難しい？ だったら、そこのところを読んでくれればいいから」

あわてると、ついやってしまう対応です。授業は生気を失い、それまで子どもの側で躍動していた学びのリズムがパタリとやんでしまう瞬間です。

見とりが間違っていたのでしょうか。いや、振り返りにも書いていますし、授業後もわざわざ担任のところに来て話してくれました。なのに、なぜ今日は話そうとしないのでしょう。授業後にその子に聴いてみたところ、理由は単純でした。

「前の授業で納得がいかなかったので、家に帰ってから図書館に行ったり、インターネットでも調べたりしたら、いろいろとわかって、疑問は全部解消していたんです」

子ども自らが学びを深めていた、つまり子どもが成長していたから、教師の見とりが奏功しなかったのですね。何とも皮肉なことですが、子どもの学びと育ちは片時も止まってはいませんし、子どもは常に新しい自分を生きているのです。

昨日ノートに書いたことは昨日の自分

六年生国語科『やまなし』の授業。子どもたち

なす・まさひろ　1961年徳島県生まれ。徳島大学教育学部卒、東京学芸大学大学院、東京大学大学院修了。神奈川大学助教授、国立教育研究所室長、立教大学教授などを経て現職。中央教育審議会初等中等教育分科会教育課程部会委員。主著書に『子どもと創る授業』『教科の本質から迫るコンピテンシー・ベイスの授業づくり』など。編著に『新しい学びの潮流』など。

は前時の終わりに、各自の読みをノートにまとめていました。今日はそれに基づき、お互いの考えを聞き合います。

話し合いに先立ち、子どもたちはもう一度新たな気持ちで『やまなし』をじっくりと音読しました。国語科授業の定番とも言える流れです。

さて、いよいよ聞き合いです。子どもたちは当然のように、ノートを机の上に準備していました。ところが、担任の口から意外な言葉が飛び出します。

「いよいよ、みんなが楽しみにしていた聞き合いの時間です。ノートは閉じましょう。昨日ノートに書いたことは、昨日の自分です。今、再びお話を読みましたね。いい声で読めていました。いろんなことを考えたり、感じたりしたでしょう。そんなたった今の自分が感じていること、思い浮かべている景色について、意見を出し合いましょう」

国語科の授業の冒頭、音読するのは何のためでしょうか。間違っても、習い性で何となくやってはいけません。さまざまなねらいが考えられますが、この授業では、昨日とは違う今日の自分、その新たな命として作品と対決するために音読をしていたのです。

ノートに書いたことをただ発表するのでは、すでに抜け殻でしかない昨日の自分を亡霊のように今日のこの時間に蘇らせることになりかねません。だからこそ、担任はノートを閉じさせました。そして、再度の音読を終えた今現在の自分を深く省察し、そこに躍動する感情や思考から学びを立ち上げようとしたのです。

見とりは、授業づくりの要諦です。少しでも的確な見とりをしようと、子どもの発言やノートを丁寧に分析し、座席表に書き込んできました。しかし、座席表に書き込まれた子どもの感情や思考は昨日のあの子たちであって、今日のこの子たちではありません。

子どもは時々刻々変化しています。一方、教師は昨日の子どもの見とりでしか授業を構想できないのです。この深いディレンマに、どのように立ち向かえばよいのでしょうか。

一つのヒントは、いかに変化しているとはいえ、子どもの感情や思考は連続しており、何らかの一貫性、全体としての調和を保っているということです。学びが自分ごとになっていればなおのこと、子どもの今日は、昨日との緻密で構造的な結びつきの中に存在しています。変化するといっても、思いつきでころころ変わるわけではありません。

ならば、やはり昨日までのあの子たちの丁寧な見とりから授業は構想し、教室に行ったなら、それにとらわれることなく、と同時に座席表でつかんだ一人ひとりの見とりとの連関を頭に置きながら、今目の前で生きているこの子たちの感情や思考を鋭敏に感じ取ろうとしてはどうでしょうか。教師も子どもと共に、昨日と連続した今日の新たな自分を生きる。授業とは、実にそのような営みであり出来事なのです。

校内研修年間計画における
PDCAサイクルの確立

　6回にわたり連載を担当させていただいた。最終回は、発刊時期も考慮して、校内研修の年間計画につながる考え方や事例を紹介する。筆者は、カリキュラム・マネジメント（以後、「カリマネ」とする）の実現と校内研修の工夫・改善は車の両輪と考えている。そこで、以下に紹介する校内研修をカリマネの3側面（側面 i 「教科等横断的な視点による教育課程編成」、側面 ii 「PDCAサイクルの確立」、側面 iii 「人的・物的資源の確保と活用」）と関連付けながら論じる。紙幅の関係で詳細は述べられないので、必要に応じて参考文献[1~3]を紐解いていただきたい。

実践を踏まえて年間指導計画の見直し・改善

　まず本書の発刊時期から、【年度末の3月】の研修から紹介する。是非行っていただきたいのが「年間の実践を踏まえての指導計画の見直し」である。総合的な学習の時間に関わる学校研究を行う学校では必ず行ってきた。周知のように、総合的な学習の時間には教科書はない。子どもや地域等の実態に応じてカリキュラム開発を行うことが大前提で、毎年度の見直しは必須である。

　写真1はある小学校の3月上旬の研修の成果物である。各担任が教室で掲示物や子どもの作品を確認したり、ポートフォリ

写真1

オ（学習成果やワークシートのファイル）を紐解いたりして1年間の活動を振り返り、「やってよかったことや来年も続けたらよいこと」を青い付せんに、「うまくいかなかったことや来年は見直したらよいこと」を黄色の付せんに、「今年は実施しなかったが来年行った方がよいことや改善点」を桃色の付せんに書いて集まる。そして生活科と総合的な学習の時間の年間指導計画の該当箇所に貼る。事前に付せんを書いてきて貼るだけなので、協議を踏まえて付せんを書き足しても、1学年15分で2学年分が30分で終わる。各学年が3人以上の学校では1学年分の分析でよいので20分もあれば完成する。年間指導計画を作り直す必要はないので多くの時間を要しない。《カリマネの側面 ii のPDCAサイクルのC》に該当する研修である。

　この成果物を次年度のその学年の担当者にバトンのように渡す。担当者がそれを参考に新たに年間指導計画の立案《カリマネの側面 ii のPDCAサイクルのAP》を行えばよいのである（この研修については割愛する）。このような研修を繰り返すことで、毎年の実践の成果は引き継がれ、問題点は改善されていくので、生活科や総合的な学習の時間の指導計画は質向上が図られるとともに、より子どもや地域の実態を反映したものになっていくのである。

　写真2の研修では、総合的な学習の時間だけでなく学校行事や生徒会

写真2

村川雅弘
甲南女子大学人間科学部・教授

活動などの特別活動の見直しも行っている。その研修に生徒も参画している。教育活動の当事者である児童生徒の意見を聞くことは教員にとって有効であり、児童生徒の主体性の向上にもつながる。各活動を思い出しやすいように随所に写真も貼っている。この研修では発表でも全チームとも生徒が担当した。

フィールドワークと地域素材の教材化

　学校には人事異動がある。全く知らない地域の学校に赴任することも少なくない。ましてや初任教員にとっては未体験ゾーンに放り込まれたようなものである。それにもかかわらず、生活科や総合的な学習の時間、社会科等を中心に身近な地域の人的・物的資源の確保と活用《カリマネの側面ⅲ》が求められている。

　【年度始めの４月初旬】に勧めるのが「フィールドワークショップ」である。始業式前に行いたい。確かにとても忙しい期間であるが、天気のよい午後にでもランチも兼ねて、徒歩や自転車等（校区が広い場合は車も利用して）で散策に出かけてはどうだろう。写真３の小学校は、へき地の小規模校なので全員で出かけている。事前に連絡しておき、施設の担当者から話を聴いている。前からいる教員は、

写真３

様々な人材との橋渡しになったり、自分はどの教科のどの単元でどのように活用したかをその場所で具体的に説明したりしている。

　フィールドワークの後は「地域素材の教材化ワークショップ」を行いたい。新しい仲間との散策を兼ねた地域の理解に留めず、それらの素材からどのような教育活動が可能かを整理しておきたい。生活科や総合的な学習の時間、社会科、理科などの年間指導計画づくりや授業づくりに生かされる。

　写真４のように、模造紙の中央に地域素材の言葉（例えば、筆者が住んでいる鳴門市であれば「鳴門の渦潮」「鳴門金時」「四国

写真４

巡礼」など）を書き、ウェビングを用いて、アイデアや情報を出し合い、つないでいく。最近では、写真のように付せんを用い、例えば「体験的な活動」（青色の付せん）、「教科等との関連」（黄色の付せん）、「ICT活用」（緑色の付せん）、「人材活用」（桃色の付せん）のように色分けしてみると、アイデアも湧きやすく、見た目もわかりやすい。フィールドワーク体験や経験だけに頼らず、教科書や関連資料、ネットワークにつながった端末も使いながら広い視野・視点からアイデアを拡げ、情報を集めたい。両者とも《カリマネの側面ⅲ》に関わる研修である。

学級開きと学級経営に関する全校的な取組

　【年度始め】の学級開きは、特に若い教員にとっては緊張が強いられる。また、学級開きは年間を通した学級カリマネと関連付けて行われることが重要である。個々の教員に委ねられているものの、若手教員が増えている昨今においては、学校としての全校的な取組が求められる。

　写真５の小学校では、各教員が学級開きの具体的

な方針とともに課題も見えた頃合いを見計らって、始業式の前日に「学級開きワークショップ」を行った。ある程度の環境整備が行われた各教室で、どのように学級開きを行うのかについて２分間のプレゼンテーションを行い、その後の３分間は、同僚から質問を受けたりアドバイスをもらったりした。口頭に加えて付せんも用いて多くのメッセージを得ている。ピンクの付せんには「よかった点、参考になったこと」を、黄色い付せんにはアドバイスを記載する。プレゼンテーションと質疑応答等が終われば、次の教室へと移動するというシステムである。

ワークショップでのプレゼンテーションとアドバイス等を踏まえて学級経営案を提出する。記入事項は共通で、「１．年度当初の子どもたちの様子：学級集団として（生活面）、学習集団として（学習面）」「２．めざす子どもの姿（子どもへの思い）」「３．具体的な取組や指導・支援の手立て」までを年度始めに記載する（これ以降の内容は割愛）。この部分は、《カリマネの側面ⅱ》の「子どもの実態把握」と「目標の設定」及び「その実現に向けた教育計画」に相当する。

写真５は、学級経営案を踏まえての協議の場面である。各教員の考えや手立てに対して相互に助言を行った。令和４年度のこの研修には、筆

写真５

者の４年のゼミ生12名も参加した。ある学生は「採用試験の集団討論と同じような進行の仕方だった。集団討論の練習は、ただ単に試験に受かるためにしているのではなく、現場に出てからの練習になって

いることに気づいた。一人一人が意見を出した後に、それぞれの意見で共通している事柄を洗い出し、それを達成するためにどうするか、具体例を出しながら話し合いが行われ、まとめがなされた。「日々の集団討論の練習が活きることが分かり、さらにがんばろうと思った」とふり返っている。学校現場の協働的な《PDCAサイクル》の実態を直に体験することができた。

生活科と総合的な学習の時間を核にした教科等の関連

これまでは、小学校低学年では生活科を、小学校中・高学年及び中高では総合的な学習／探究の時間を核に、各教科等との関連を図ってきた。写真６のように、学年ごとのチームに分かれて、各教科等の年間指導計画の一覧を拡大印刷した模造紙を用意し、各自教科書を持ち寄り、相互の関連

写真６

（「教科等の知識・技能を生活科や総合的な学習の時間に生かす」及び「生活科や総合的な学習の時間での体験や課題を教科等で学習に関連付けたり、教材として取りあげたりする」）を付せんに記して、矢印でつないで整理する研修が各教科等の年間指導計画が確定した【５月頃】（夏休みに行う場合もある）に広く行われてきた。

今次学習指導要領改訂では、《カリマネの側面ⅰ》に示されているように、教科等間においても相互の関連を図り、教育課程全体で横断的な視点での教育活動を展開することが求められている。これまでと

●Profile

むらかわ・まさひろ　鳴門教育大学大学院教授を経て、2017年4月より甲南女子大学教授。中央教育審議会中学校部会及び生活総合部会委員。著書は、『「カリマネ」で学校はここまで変わる！』（ぎょうせい）、『子どもと教師の未来を拓く総合戦略55』（教育開発研究所）、『ワークショップ型教員研修 はじめの一歩』（教育開発研究所）など。

同様な手法を用いながら、生活科や総合的な学習の時間との関連のみならず、各教科等で学習する知識や技能を相互につなぐことを意識することが有効である。

授業づくりと授業研究の視点の具体化・共有化

《カリマネの側面 ii のPDCAサイクル》のDは授業である。Dの中にもきめ細かなPDCAサイクルが回っている。個々の教員による日々の授業の計画・実施・評価・改善の営みである。各教員の授業づくりの考え方は、学校のカリマネを踏まえている必要がある。一部のスーパーティーチャーの活躍の時代は終わった。学校全体としての授業力の底上げが求められている。

経験年数や専門性を越えて、各教員が持っている知識や手立てを共有し、授業づくりに生かしたい。またそれが、年間を通した授業研究における共通の視点になる。

写真7は、主体的・対話的で深い学びが中教審で示された直後の小学校の研修の成果物の一つである。当時の研究主任から

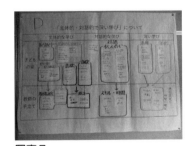

写真7

「主体的・対話的で深い学びによる授業づくりを中心に研究を進めたいが、あまりに本が多く、どれを参考にして進めればいいかが分からない」と依頼があった。

筆者は「答えは皆さんの中にある」「これまで取り組んできた授業や参観した授業で『これが主体的な子どもの姿だ、これが協働的な学びかな、深い学

びとはこのような姿かな』と思うことを具体的に付せんに書き、上のゾーンに貼りましょう」「下のゾーンには『その時に私は、その教師はこんな手立てをとっていたな』を具体的に書きましょう」「そしてKJ法で整理しましょう」と提案した。教員の中では、アクティブ・ラーニング（その後、主体的・対話的で深い学び）に関する講演を聴いたり、関連書籍に目を通したりしていた者もいたので、その学びも自分の言葉で書いてくれるように頼んだ。

その時の研修の成果は今にもつながっている。今では子どもたちが主となり、主体的・対話的で深い学びの基盤となる言語活動の充実を図っている[4]。

学校が目指す授業により授業づくりや参観の視点は異なるが、例えば、言語活動やICT活用、学習意欲を重視するならば、本連載の4回目を参考にしていただきたい[5]。

[参考文献]

1　村川雅弘著『ワークショップ型教員研修　はじめの一歩』教育開発研究所、2016年
2　村川雅弘編著『実践！　アクティブ・ラーニング研修』ぎょうせい、2016年
3　村川雅弘編著『「ワークショップ型校内研修」充実化・活性化のための戦略＆プラン43』教育開発研究所、2012年
4　村川雅弘「児童・生徒とともに進めるカリキュラム・マネジメント」『教職研修』教育開発研究所、2021年12月号、pp.34-35
5　村川雅弘「ニューノーマルの校内研修［第4回］」『教育実践ライブラリ』（Vol.4）、ぎょうせい、2022年

授業改善とカリキュラムマネジメントで
めざす子供の姿を追究

兵庫県姫路市立白鷺小中学校

Lead

姫路市初の義務教育学校として4年目。姫路市立白鷺小中学校（上田美幸校長）は今、対話に焦点を当てた授業改善とめざす資質・能力を実現するカリキュラムマネジメントに取り組んでいる。児童生徒数約900人、教職員約80人のマンモス校の取組の具体を紹介する。

「対話」の追究から授業改善を図る

　姫路市立白鷺（はくろ）小中学校が取り組んできた授業づくりのテーマは「探究」。平成30年度以降、「探究し続ける児童生徒の育成」を研究主題に、各教科における探究のあり方、①課題設定の工夫、②課題解決の工夫、③まとめ・振り返りの工夫といた学習過程における探究のあり方など、授業の構成や学習場面における探究の取組について研究を重ねてきた。教科の見方・考え方に触れながら、教科の魅力を感じて学習を進め、めざす資質・能力の育成に取り組んでいる。

　この研究を続ける中で、今年度の課題となったのは「対話」。姫路市児童生徒意識調査から、「学習の過程や効果をアウトプットする機会」が不十分であったり、主体的なアウトプットに課題があることが分かったことから、「対話」に着目し、探究へのアプローチを「対話」により推し進めることをめざしたという。

　同校が考える「対話」とは、「自己とはべつのもの・ひととの【差異】から生まれる。対話によって、自己の価値観・理解が更新されるもの」とした。

「対話」場面

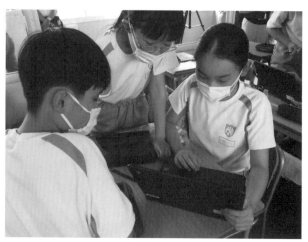

タブレットを活用した「対話」

上田美幸校長

これを踏まえ、「対話」を以下の3類型に整理した。

> ・対話①（対象との対話）：既知と未知【自分の知っていることと知らないこととの差異】
> ・対話②（他者との対話）：自己と他者【自分の理解・考えと他者の理解・対話の差異】
> ・対話③（自己との対話）：過去と現在と未来【学習前後の自己認識の差異・未来の自分との差異】

対話①（対象との対話）は、授業において自分たちが知っていることと知らないことの違いを明らかにし、分かっているつもり・知っているつもりを崩すことによって対象への関心を喚起し、探究に向かうことを通してその教科・領域の本質的な理解をめざすものという。

例えば、蛇口は水を出すものという「わかったつもり」に対し、教室にもちこんだ蛇口をひねってみると水が出ないことから、蛇口の先はどうなっているのかという関心を引き起こしたり、1/4＋1/4は2/8になるかといった、揺さぶりのある対象とのかかわりが対話①である。

対話②は、友達との意見の違いをワークシートやタブレットなどを使いながら可視化したり、思考ツールを活用したりして、話し合いなどを展開していく活動である。

例えば、物の温まり方を学習した子供たちが、「フライパンはどう温めれば効率的か」という問いに対し、「上の方から温まるのでは」「お母さんは中央で温めているから真ん中で温めた方がいい」などと意見を交わすことで、実験に対する意識を強くしていくといった、かかわりのある探究がこの対話②である。

通常の授業における対話のイメージが強い活動であるが、同校では、そこに「静的な対話」と「動的な対話」を位置付けている。

「動的な対話」は話し合いながら考えを深めていく活動であり、例えば話し合いの輪の中央に紙を置いて意見をまとめていくような活動が想定される。

振り返り場面での「対話」

「静的な対話」はタブレットを活用し、Jamboardなどで情報を整理しながら考えを形作っていく活動だ。

情報をまとめる過程では「静的な対話」を、その後の意見交換などでは「動的な対話」をといったように、探究の過程において対話のメリハリをつけた学習活動を組んでいる。

対話③は、自己の学習を振り返るもの。振り返りの視点として、予想との違い、新たな問い、仲間との交流、自己変容などを設定し、学習に紐づけた自己内対話を促す活動である。分かったことや成長したことをどのようなきっかけで得られたかといった学びの手応えを獲得する活動をめざしている。

こうした三つの「対話」をもとに学びをデザインし、「児童生徒が対話でつながり合う授業づくりを意識する」ことが同校の研究の中核となっている。

このように、対話の追究を足場に、探究に向かう授業改善に取り組んでいるのが、同校の実践研究の特色だ。

「育成をめざす9つの姿」から カリマネを推進

こうした授業づくりの大もととなっているのが、

白鷺小中が取り組む「『育成をめざす9つの姿』を軸としたカリキュラムマネジメント」だ。

その前提としたのが、「めざす子供像」と「身に付けさせたい力」。2020年の姫路市の意識調査から不十分とみられた「人間関係力」「学習意欲」「地域とのつながり」を課題として、カリキュラムマネジメントの見直しを図った。小中教員がそれぞれ持っている子供像の差異を明らかにしながら、10年後の社会を視野に、めざす子供の姿の共有化を図った。

教員アンケートを実施し、KJ法を用いてワークショップを行い、知・徳・体と資質・能力をマトリックスにして「育成をめざす9つの姿」としてまとめられていった。

知・徳・体に当たる部分を「自らの学びを『探究』的につくりあげる子」「自他を大切にしながら自分の役割を果たし、社会を形成する子」「見通しをもち、失敗をおそれずに挑戦し、あきらめずがんばり抜く子」とし、資質・能力の部分を「知識及び技能」「思考力、判断力、表現力等」「学びに向かう力、人間性等」とし、「知識及び技能」にかかわる知・徳・体では、それぞれ①「探究的な学習の過程を自在に活用することができる」、②「多様な視点で見ることができる」、③「自分の良さを大切にすることができる」、「思考力、判断力、表現力等」にかかわる知・徳・体としては、④「知識を構造的に組み立てることができる」、⑤「集団としての考えを形成することができる」、⑥「確かな見通しを立てることができる」、「学びに向かう力、人間性等」にかかわる知・徳・体では⑦「自らの学びに価値を見出すことができる」、⑧「社会のために行動することができる」、⑨「自分の意志で決定することができる」といった9つのめざす姿を設定。これをカリキュラムマネジメントのベースとした（丸数字は、便宜上編集部で記載）。

これをもとに、取り組んできた全教育活動がマトリックスのどの部分に当てはまるかを整理し、グラ

	「自らの学びを『探究』的につくりあげる子」	「自他を大切にしながら自分の役割を果たし、社会を形成する子」	「見通しをもち、失敗をおそれずに挑戦し、あきらめずがんばり抜く子」
知識及び技能	探究的な学習の過程を自在に活用することができる	多様な視点で見ることができる	自分の良さを大切にすることができる
思考力、判断力、表現力等	知識を構造的に組み立てることができる	集団としての考えを形成することができる	確かな見通しを立てることができる
学びに向かう力、人間性等	自らの学びに価値を見出すことができる	社会のために行動することができる	自分の意志で決定することができる

表　育成をめざす9つの姿（マトリックス表）

育成をめざす9つの力が発揮されている場面の掲示物（9年）。マトリックス（上表）に対応した具体的な姿を示している

ンドデザインに位置付けた。全ての教育活動がめざす資質・能力の育成に向かって意味のある取組となっていることを示したことで、保護者・地域への説明にも活用できるものになった。

このように、9年間を通してめざす子供の姿を明らかにし、それに向かう全ての教育活動を位置付けたことで、教師たちが共通理解をもって教育活動に取り組む指針やプランとなるだけでなく、保護者・地域にも説明責任を果たせるカリキュラムマネジメントとなっているのだ。

「単元配列表」で「9つの姿」を可視化

学習活動にかかわり、「育成をめざす9つの姿」を実現していくために作成されたのが「単元配列表」だ。

年間指導計画に記された各教科等の単元が「9つの姿」のどの部分に重点的にかかわってくるのかといった「重点単元」を明確にし、学習内容の関連性や共に同じ姿をめざす、つながりのある「関連単元」を位置付けた。

例えば、8年生では、前記⑧「社会のために行動することができる」姿を実現する重点単元として、総合的な学習の時間で取り組む「平和学習」を位置付け、国語「字のない葉書」や道徳「戦争を取材する」を関連単元として設定した。様々な教科等が乗り入れながら「育成をめざす9つの姿」に迫ろうとするトータルなプランを明示したのが、同校の単元配列表だ。

このように、学校行事等を含む学校生活と学習活動全般にわたり「9つの姿」にこだわって取り組んでいこうとするのが同校の試みだ。

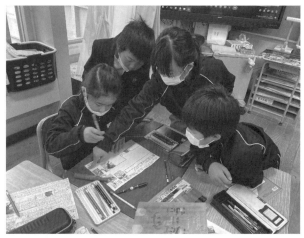
ジャコウアゲハで持続可能な社会づくりを追究

市蝶ジャコウアゲハ応援プロジェクト（3年総合）

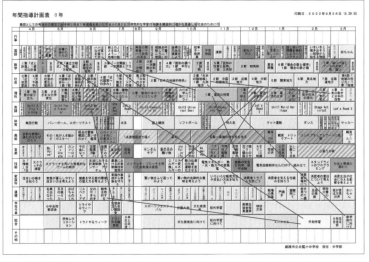
図　単元配列表

ジャコウアゲハの食草を姫路城周辺に設置

地域の方々によるサタデースクール

　このカリキュラムマネジメントを支え、動かしていく上で欠かせないのが、地域も参画する組織体制である。

　今年度は新たに「カリキュラムマネジメント部会」を校内に創設し、その運営のための組織体制も整備した。教科研究や校務運営といった教員組織と連動して、学校運営協議会が中心となって道徳・人権、生活、学習、特別活動に参画する学校と地域との連携組織を編成。9つの姿を共にめざす体制を整えた。まつりや職業体験、学習支援など、地域が活躍する場が拡大した。地域と共に「9つの姿」をめざす「社会に開かれた教育課程」を実現する組織体制として機能しているのである。

　教職員の活動に当たるものと、コミュニティスクールとして進めていくものとを調和させた形で整理され、進められているのが同校のカリキュラムマネジメントの特色といえよう。

学校文化を越えた教職員の協働

　こうした実践研究を支えているのが、約80名の教職員の協働による取組だ。同校の校内研修はカリキュラムマネジメントの一環として取り組まれている。

　例えば、「身に付けさせたい力」を検討する研修では、グループごとに分かれて「身に付けさせたい力」を検討し、ワールドカフェ方式で情報交換をしながら考えを練り上げていく作業を行った。グループ発表では、粘り強さ、レジリエンス、未来を予想する力、社会にかかわろうとする力、想像力といった「未来を"そうぞう"する力」が提案された。また、多様性を認めたり、他者の考えを受け入れて対話できる「共生していく力」などの意見も出た。これらを練り上げ、集約していくことで、育成したい資質・能力や身に付けさせたい力が明らかとなり教職員の間で共有することができた。前期（小学校）・後期（中学校）の教職員の間でそれぞれに考えていた資質・能力が、違いではなくつながりのあるものであることが見えてきたりした。この研修により「身に付けさせたい力」を知・徳・体に当たる部分と三つの資質・能力とのマトリックス「育成をめざす9つの姿」が整理された。ここを起点に、同校のカリキュラムマネジメントはスタートしていったのである。

　「まだ、とりあえず進んでいこうという段階。これからは、もっと研究を深めて『育成をめざす9つの姿』や対話をもとにした授業づくりの精度を上げていきたい」と同校の研究推進の中核を担う星川護教諭は言う。

「身に付けさせたい力」を討議した校内研修

●DATA
兵庫県姫路市立白鷺小中学校
〒670-0012
兵庫県姫路市本町68-52
TEL 079-222-5588

学びと教えの手応えをもてる
学校づくりへ

　白鷺小中の教師としての学びや感じたことを先生たちに聞いてみた。

　星川護教諭は、「学校運営協議会で高校生となった卒業生から本校での学びが『総合的な探究の時間』で役立ったことを聞き、卒業後を見通して子供とかかわることへの視野が広がった。カリキュラムマネジメントに取り組むことによって1年生と9年生のめざす姿がつながり、前期・後期の教員たちが同じ視点で子供を育てていくことができた経験は、自分自身にとっても財産となりました」という。

　星川教諭と同じく、研究推進の中核を担う山口智史教諭も、「小学校を卒業（前期を修了）した子たちを見られるということが大きい。本年度で『めざす姿』を明らかにしたことで、小中でどのように学びがつながるかということが見えてきた。発達段階の違いを越えて取り組むべきことが明確にできたと思います」と言う。

　また、「前期（小学校）の先生とのかかわりによって、子供が身に付けた力をもっと伸ばしたいと思うようになった。子供の成長を受け継ぐ意識ができたように思う」（後期・英語）、「前期でどこまで

星川教諭の授業

山口教諭の授業

学んできたかを教えてもらえることが授業づくりの参考になっている。子供の小学生時代の姿や背景も知ることができて、子供を見る視野も広がったことはこの学校ならではの経験」（後期・数学）、「チームで当たる後期（中学校）の生徒指導がとても参考になる。小学校段階でも取り入れたい。部活も楽しい。中学生になった子供の新たな表情を発見できる」（小学校）
など、義務教育学校だからこそ見える子供の成長や、小学校と中学校の文化の相互理解、教職員同士の連携・協力、そして信頼関係の確かさなどに手応えを感じている様子がうかがえた。

　義務教育学校となって4年。これからの学校づくりをどう描いているのか。

　上田校長に聞くと、「子供も教師もやりたいことに挑戦できる環境をつくっていきたいと思っています。みんなの思いをサポートできる学校経営をめざし、失敗を恐れずにやりたいことができる学校でありたい。そのためには、保護者や地域の方々にも協力してもらえるように情報発信にも努めていきたいと考えています」との答えが返ってきた。

　着実な手順と確かな実践を積み重ねてカリキュラムマネジメントと授業改善に取り組む白鷺小中学校。「チーム白鷺」の次の展開が期待される。

（取材／本誌・萩原和夫）

のです。仲居さんは全く悪くないのですが、私の方がどうしても拒んでしまう。なぜかといえば、俳句の投稿作を選んでいると、この「逆さ富士」を詠んだ句が、とても多いのです。この言葉そのものは、くっきりと湖面に映った富士山を表すものとして、味わい深いと思うのですが、みんなが使いだすようになると、ドアノブや階段の手すりと同じようなもので、手垢がついてきます。その結果、「逆さ富士」を入れるだけで俳句が陳腐になる、そうすると俳句の選者としては嫌いになってくる、というわけなのです。

かくいう私も、もちろん陳腐な言葉づかいを指摘されることもあります。ある作家の方に、ちょっと高級な中華料理屋に連れて行ってもらったことがありました。「どれでも好きなものを一品ずつ頼もう」という彼の提案に、「じゃあ、八宝菜で」と答えたら、「つまらないやつだな」と笑われました。これは私が悪いわけではないと思うのですが、そのあとで紹興酒の呑み比べをして、熟成年数の異なるそれぞれの杯に「おいしいです」「これもおいしいです」「君は仮にも文学者だろ」と呆れられました。うーん、確かに恥ずかしい!語彙力の問題では

「逆」さ富士

ありません。すでに誰かが作った言葉を、そのまま使ってしまうのは、唯一無二の自分をアピールしなくてはならない場では、どうしても不利になるということです。たどたどしくても、自分の言葉で思いを伝えることが、自分という人間を知ってもらうことにつながります。

そもそも、私たちの言葉はすべて「借りもの」です。「パパ」「ママ」「努力」「未来」……と、成長とともにどんどん語彙は増えていきます

が、そのすべてが、身の回りの家族や先生、友達、本にある言葉を、真似したものです。自分だけのオリジナルの言葉を、なにひとつ、私たちは持っていません。それで人生を送る上ではほとんど困らないのですが、誰でもときに立ち止まることがあるでしょう。たとえば、まっさらな湖に富士が映っている眼前の風景の素晴らしさを、ここにはいない誰かに伝えたい——そんなふうに思うときに。

そんなとき、「逆さ富士」をあくまで拒み、自分の言葉を生み出すため、立ち尽くしながら悩み続けているのが、詩人と呼ばれる人種なのです。めんどくさいですよね。

さて、長く続けてきたこの「こころを詠む」の連載も、今回で最終回。俳句って、やっぱり難しいと思いましたか?それとも、少しは関心を持ってもらえたでしょうか?俳句という文芸が、世界の隅にあることを、どうか心に置いて、いつでも飛びこんできてくださいね。私はこれからも、しぶとく俳句の世界に居座り続けるつもりですので、扉を叩いてくださるのを、ずっと待っています!

髙柳　克弘

俳人・読売新聞朝刊「KODOMO俳句」選者

●profile●

1980年静岡県浜松市生まれ。早稲田大学教育学研究科博士前期課程修了。専門は芭蕉の発句表現。2004年、第19回俳句研究賞受賞。2008年、『凛然たる青春』(富士見書房)により第22回俳人協会評論新人賞受賞。2009年、第一句集『未踏』(ふらんす堂)により第1回田中裕明賞受賞。現在、「鷹」編集長。早稲田大学講師。新刊に評論集『究極の俳句』(中公選書)。2022年度Eテレ「NHK俳句」選者。中日俳壇選者。児童小説『そらのことばが降ってくる　保健室の俳句会』(ポプラ社)で第71回小学館児童出版文化賞を受賞。最新句集『涼しき無』(ふらんす堂)にて第46回俳人協会新人賞を受賞。

「こころ」を詠む　［最終回］

鞄から仔猫のかほや川まぶし

克弘

俳人には、言葉づかいに厳しい人も少なくありません。たとえば「パソコン」「コンビニ」を俳句に詠んではいけない（正式に「パーソナルコンピューター」「コンビニエンスストア」と言わないといけない）。「走ってる」「歌ってる」というように「いる」の「い」を略してはいけない。古典文法もしっかりと守らなくてはなりません。ら抜き言葉、さ抜き言葉など、もってのほか。

私は元来いい加減な性格なので、多少言い回しが強引だったり、文法的に間違っていたりしても、「勢いで分かればいいじゃん！」と思う方です。松尾芭蕉のよく知られた「荒海や佐渡に横たふ天の河」だって、文法的に見れば「横たふ」は間違っていますからね（本来は自動詞の「横たふる」であるべき）。流行り言葉や若者言葉も大好きで、ふだんから「わかりみが深い」「陽キャだなぁ」「おつでした」などと、近しい人との会話ではじゃんじゃん使っています（さすがに俳句に詠みこむまでの勇気はないのですが……）。

そんな私ですが、「使いたくない言葉」というのもいくつかあります。そのひとつに、今年のお正月に、遭遇したのです。

お正月には河口湖畔に宿をとるのが、この数年の習いになっています。今年はとくに、すばらしい好天に恵まれ、まぢかでの富士の眺めを楽しみました。食事は、ちょうど富士と湖を正面に置いた、大きなガラス窓の前。「山梨だけど海産物もおいしいね」「はうとう、この小さな鍋で食べるくらいがちょうどいいかも」などと、一緒に行った家族と話していると、仲居さんがお茶を持ってきて、にこやかにこう声をかけてくれました。

「お客さんは運がいいですよ、こんなふうに何日も逆さ富士が見えることって、そんなにないんですから」

そう、私が「使いたくない言葉」のひとつが、この「逆さ富士」な

「教育漫才」笑劇場

社長と社員

【トリ】会社員

埼玉県越谷市立新方小学校長
田畑栄一

たばた・えいいち 「自殺・不登校・いじめのない、子どもたちが生き生きと笑って学べる学校の創造」を目指して、8年前から教育漫才を発案し実践を積み重ねている。温かい雰囲気に学校が変容し、人間関係が円滑になる教育効果を実感し、その魅力を全国に発信している。著書に『教育漫才で、子どもたちが変わる〜笑う学校には福来る〜』（協同出版）、『クラスが笑いに包まれる！小学校教育漫才テクニック30』（東洋館出版社）。

二人：「はい、どうも皆さん、こんにちは」（素通り）
B：「通り過ぎないでよ」　A：「すいません」
B：「もう一回やろう」　A：「いいよ」
A：「はいどうも…ウイーン」
B：「いや、二回ボケないでよ！」
A：「すいません。どういうふうにやってほしいんですか」
B：「はいどうもどうも、という感じでお願いします」
A：「僕はAです。好きなことは落語と漫才です」
B：「僕はBです。好きなことは漫才と運動です」
A：「僕、会社に入りたいんだけど練習していい？」
B：「いいよ。どういう練習がしたいの？」
A：「会社に入ったらどんなふうにしたらいいのか知りたい」
B：「いいだろう。社長の実力を見せてあげよう」
A：「社長、まず何をしたらいいですか」
B：「一つは挨拶」
A：「挨拶？　わかりました」「おはよう、社長。こんにちは、社長。こんばんは、社長…めし」（食べる真似）
B：「いや、なんで今、めし食うねん！　でもお昼だからいい」
A：「なんかそれ見たことあるなあ。ぺこぱ、パクッてませんか」
B：「いや、まあまあ」（寝る真似）
A：「寝ないでくださいよ！」
B：「二つ目」　A：「知っていますよ」
B：「じゃ、何？」
A：「資料運び」　B：「正解！」A：「いきますよ」

二人：「あっ！」　B：「大丈夫？　拾うの手伝うよ」
A：「あっ、集めているんです。エビの殻です」
B：「いや、どういう趣味しているの？」
A：「いや、趣味だからいいと思うんですけどね」
A：「そういえば、社長って、早口言葉好きですか」
B：「得意です」　A：「失敗したことないんですか？」
B：「うん」　A：「これ言ってみてください。生麦生米生卵、生麦生米生卵…」
B：「それは王道だね。いくよ…生ごみ生米米探しています」
A：「うっ！」　B：「生ごみ生米集めています」
A：「えっ？」　B：「生ごみ生米食べています」
A：「え…（腰を抜かす）社長、ゴミ集めて食べるんですか？」
B：「集めて食べているだけだよ。君も言ってみてよ」
A：「いいですよ。生麦生米生卵、生麦生米生卵、生ごみ生米食べています。社長の真似しちゃった…」
B：「君も言えないじゃないか！」
A：「バレた？　まあまあ、それはブーメラン投げといて」
B：「戻ってきているよ」　A：「えっ？　あっ！」（痛がる）
B：「君、できていないじゃないか！」
A：「すいません」
B：「もういいよ！」
二人：「どうもありがとうございます」

❖舞台袖から❖

第2回教育漫才大会が令和4年12月9日に開催されました。今回は1・2年生／3〜6年生の異年齢コンビ・トリオでの実施です。コンビ・トリオは様々な人との出会いを願い、「くじ引き」で決定。今回取り上げる「会社員」は、そうして誕生した6年生と4年生のコンビです。グループ予選大会を抜けた会社員は、全校児童と保護者が見守る中、堂々とネタを披露して笑いをとりました。コンビは、それまであまり話したことがありませんでしたが、自己紹介で互いに漫才好きであることが判明し、意気投合。そこから、ネタづくりでは紆余曲折しながらも練りに練りました。校長室にもネタを見せにきてアドバイスを求めるなど意欲的です。次に見せてくれる時には、バージョンを上げてくるコンビでした。二人の仲もどんどん距離が近づいていきます。異年齢チームは上級生がリードしながら下級生とネタづくりを展開していきます。下級生は上級生に憧れをもって接します。この関係性こそ異年齢コンビの魅力なのです。

今回のネタは、「会社員になりたい」という展開から「早口言葉」への急転換ですが、社長と会社員の役割で貫かれているから分かりやすい。構成力、創造力、プレゼン力、人間関係形成能力等を育てるのが教育漫才です。

うつは教師の勲章

［最終回］

教師生活が楽しくラクになる 魔法の作戦本部

明治大学教授 **諸富祥彦**

　ある小学校の学級担任の教師が、学級崩壊を経験しました。

　担任の先生は、崩壊状態にあった学級をなんとか立て直そうとしましたけれども、なかなか立て直すことができませんでした。それどころか、まるで、子どもたちによる集団いじめ。モノを投げられる、「こいつ」呼ばわりして嘲られる……。人格を否定されたような状態に置かれたまま、毎日、教室の中で耐えているうちに、うつ病になってしまったのです。

　子どもたちから、クラスの様子を聞いた保護者の間でも、否定的な情報が広まりました。保護者会では、「やめろ、やめろ」とヤメロコールを浴びせられ、「教師として力量不足ではないか」と責めたてられました。

　その瞬間に心の中で何かがプツンと音を立てて切れたといいます。うつ病を発症したのです。

　「もう限界だ、私は、教師失格だ」

　「でもまだ、辞める決心がつかない。その前に、一度、お休みをもらおう」

　そう考えて、校長先生のところに休職の相談に行きました。

　そのときの、校長がただモノではなかった。

　「うつ病になっても、耐えて、担任をやってくれてるんですね。ありがとうございます。実は、私も

ね、今、この薬飲んでて……」

　校長先生は、自分が服用している抗うつ剤を見せてくれました。担任の先生が飲んでいるのと同じ系統のお薬でした。

　そしてこう言ってくれたのです。

　「君ね、うつ病になるというのは、一生懸命教員をやっている証拠だよ。日々の仕事を流してしている人はうつ病になんかならないからね。

　うつは、あなたが日々の仕事に全力で取り組んでいる証拠……。うつは、教師の勲章だよ……」

　担任は、この言葉を言われた瞬間に、どんなに気持ちが楽になったかしれないと言います。この校長のもとでならやっていけるかも、と思った担任教師は、結局休職もせず、勤務を続けることができました。

　今、多くの教師のメンタルヘルスが不調に陥っています。まじめな教師に仕事が集中し、その結果、「できる教師」「責任感の強い教師」「仕事をいやがらない教師」に仕事が集中し、うつに追い込まれている傾向があります。校長の言うように、「うつは勲章」なのです。

　教員同士の支えあいこそ教師のメンタルヘルスを支えるものです。「支え合える職員室」「弱音を吐ける職員室」こそが、今、必要とされているものではないでしょうか。

もろとみ・よしひこ　明治大学文学部教授。教育学博士。日本トランスパーソナル学会会長、日本教育カウンセラー協会理事、日本カウンセリング学会認定カウンセラー会理事、日本生徒指導学会理事。気づきと学びの心理学研究会アウエアネスにおいて年に7回、カウンセリングのワークショップ（体験的研修会）を行っている。教師を支える会代表、現場教師の作戦参謀。臨床心理士、公認心理師、上級教育カウンセラー、ガイダンスカウンセラー、カウンセリング心理士スーパーバイザー、学校心理士スーパーバイザーなどの資格を持つ。単著に『教師が使えるカウンセリングテクニック80』（図書文化社）、『いい教師の条件』（SB新書）、『教師の悩み』（ワニブックスPLUS新書）、『教師の資質』（朝日新書）ほか多数。テレビ・ラジオ出演多数。ホームページ：https://morotomi.net/ を参照。『速解チャート付き 教師とSCのためのカウンセリング・テクニック』全5巻（ぎょうせい）好評販売中。

先生の幸せ研究所 学校向けの業務改革・
組織風土改革コンサルタント
青山光一

[リレー連載・最終回]

「授業改革」こそ「働き方改革」の本丸

「あんなにワクワク働いた2年間はありませんでした」。久しぶりに会った後輩が語ってくれました。「今の職場はかなりブラックで……。あの学校は奇跡のような場所だったのかもしれません」。

私が以前勤めていた東京都の公立小学校。そこでは確かに奇跡のような時間が流れていました。職員室はひとつのチーム。誰もが探究的にワクワク働き、18時には退勤していました。子どもたちは生き生きと学び、不登校は何年間もゼロ。保護者の満足度も高く、苦情が寄せられることはほとんどありませんでした。当時を知る教職員の多くが口を揃えて「理想の学校」だったと語ります。

私が赴任した当時、その学校では21時までの残業は当たり前。山積みの校務分掌、授業準備、保護者対応に疲弊する日々が続いていました。

では、そのような学校がどのようにして「理想の学校」へと変容していったのでしょうか。キーワードは、工業社会モデルからの脱却を目指した「授業改革」でした。

工業社会モデルからの脱却

時代は工業時代から情報時代、そしてSociety5.0へと加速度的に進んでいます。かつて、社会においては「標準化」「単一性」「競争」「従順さ」「時間ベース」などが重要事項でした。今でも多くの学校は工業時代の思考でデザインされており、「主体的・対話的で深い学び」という目的が達成しにくいシステムになっています。

子どもたちが真に主体的な学び手へと変容していくためには、子どもと向き合う我々大人の意識を「工業社会モデル」から脱却させていくことが必要です（【図1】）。

工業社会モデルの学校	これからの学校
標準化	個別化（カスタム化）
単一性	多様性
競争的な関係	協働的な関係
従順さ	主体性と自己主導性
時間ベース（履修主義）	到達ベース（修得主義）
壇上の賢者	傍で導く人

【図1】

私は「工業社会モデルの学校」から「これからの学校」を目指した「授業改革」を始めました。

学びの「個別化」を

多くの学校では、同じ年齢の子どもたちが、同じ学級で、同じ内容を、同じペースと方法で学んでいます。子どもたちの興味関心や能力が違うにもかかわらず、果たしてそれは最善の方法なのでしょうか。

私は、それまで何の迷いもなく行ってきた「宿題」「一斉指導」「全員が同じ時間割」を見直し、徹底的な個別化を目指しました。

一律の宿題を無しにした途端、子どもたちはそれぞれが選んだ教材で、自分で計画を立て、嬉々として学び始めました。それまで、やらされ感たっぷりで「他人事」だった宿題が、「自分事」へと変わっていったのです。

「そうは言っても、宿題を無しにしてしまったら、

あおやま・こういち　1977年北海道生まれ。伊豆大島・長野県の二拠点生活。元東京都公立小学校主幹教諭。在職中は「協働学習」「個別学習」「探究学習」「PBL学習」「イエナプラン教育」等を研究。2020年退職。同年、長野県にある日本初のイエナプラン校・大日向小学校のカリキュラムマネージャーに就任。株式会社先生の幸せ研究所のパートナーコンサルタントとして講演、小・中・高校、教育委員会への指導・助言を行う。伊豆大島で青山レモン農園・私塾を経営。

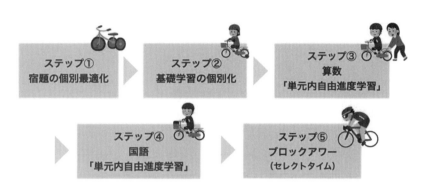

ステップ①　宿題の個別最適化
ステップ②　基礎学習の個別化
ステップ③　算数「単元内自由進度学習」
ステップ④　国語「単元内自由進度学習」
ステップ⑤　ブロックアワー（セレクトタイム）

【図2】

子どもはサボるに違いない」とよく言われますが、ほとんどの場合、長い目で見ると、それとは逆のことが起こります。週の終わりに課題の達成状況を個別で振り返り、フィードバックすることで、学習に向き合えない姿勢は日を追うごと、月を追うごとに解消されていったのです。

　子どもたちは、自己選択、自己決定しながら学ぶ楽しさを知り、学びを自らの手に取り戻しました。そして、教師からの信頼をベースに、ますます自立していきます。彼らの学びは教科学習においては、自分をコントロールしながら学ぶ単元内自由進度学習へ、最終的にはそれぞれがオーダーメイドの時間割を作って自律的に学ぶまでに変容していきました（【図2】）。

「授業改革」が「働き方改革」につながる

　子どもたちの変容は、それまで授業改善に対して保守的であった教職員にも変化を促しました。今までの伝統的な教育方法を見直し、「教える人（ティーチャー）」から「学びを促進する人（ファシリテーター）」へ変わり始めたのです。

　画一的な一斉指導を手離し、子どもたち主体の学びが中心となることで、それまで教師が一人で抱え込んできた仕事は、しだいに子どもたちに委ねられていくことになりました。その結果、それまで授業準備に使っていた時間は半減し、教師はより子どもたち一人ひとりに寄り添った教育に注力できるようになっていきました。

　一方、職員室においても教室と同様に「個別化」「多様性」「協働」「到達ベース」といった思考が重視されるようになり、脱工業化の学校づくりが促進されていきました。

　教師たちは長い間工業社会の思考で作られ、言わば形骸化していた多くの仕事から解放されたのです。何よりも、教師がその仕事を「自分事」として、ワクワクしながら主体的・協働的に働く姿は、子どもや保護者の大きな信頼へとつながっていきました。

　今求められているのは、教育現場が元気を取り戻すための抜本的な「改革」です。私は伝統的な学び方を根本的に問い直す「授業改善」こそが「働き方改革」の本丸であると確信しています。

> 目の前の現実と闘っても何も変えることはできない。何かを変えたければ、既存のモデルが時代遅れになるような新しいモデルをつくるべきだ。
> （リチャード・バックミンスター・フラー）

直言
SDGs×学校経営
〜ニューノーマル時代のビジョンと実践〜

[最終回]
子どもの声に耳を傾けていますか？

学校法人湘南学園学園長　**住田昌治**

「SDGs×学校経営」という視点で連載してきましたが、今回が最終回となります。SDGsが子どもの学びの中にどんどん入ってくるようになり、授業では持続可能性について取り組んでいます。しかし、その土壌となる学校そのものは持続可能なのでしょうか？ 学校の日常を見直したとき、「これからも続けたほうがいいこと」「もうそろそろ止めたほうがいいこと」「新たに生み出したほうがいいこと」があるのではないでしょうか？

 思考停止からの転換

昨年、あるテレビ番組に出たとき、人気がどんどん高まっている若手芸人の一人が、こんなことを話してくれました。

「自分が学校に通っている頃、当たり前が当たり前すぎて、疑うこともなく従っていた。何も考えずにやっていて、思考停止になっていたんだと思う。今は、考えて、言いたいこと言えるんじゃない？ 自分なんかの頃は、言えなかったけど。だから変えられるんじゃない？」

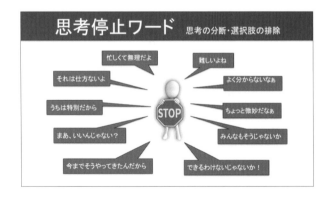

この番組では、「これからの運動会をどうするのか」というテーマで話をしていました。上半身裸で組体操をするのはどうなのか？ という話題の中で、「思考停止」というキーワードが出されたのです。

さて、今の学校では、思考停止にならず、意見を言えるのでしょうか？「何のためにやってきたのか？ いつからやっているのか？」「何のためにやっているのか？」「これからどのようにやっていくのか？」そして、「決断するための拠り所は何か？」そんなことが話し合われるといいのだと思います。

しかし、「昨年もやったし、今までずっとやっているし、保護者や参観者は喜ぶし、生徒も達成感あるし、上半身裸でやるのは本校の伝統だし……」と前例踏襲の言葉が並ぶと、「そうだね。伝統は大切だから止めるわけにはいかないね」、または、「自分が校長の時に止めるわけにはいかない。何といって説明すればいいんだ！ きっと保護者や地域、OBから反対される」という声が聞こえてきそうです。

誰のための、何のための運動会なのかを考えなければなりません。生徒のためなら生徒に、保護者のためなら保護者に、地域のためなら地域の人に聞けばいいのですが、学校行事の目的をはっきりさせておく必要があると思います。そして、それを全教職員で共有していくことが肝要です。

そこで登場するのが学校教育目標です。学校で行う教育活動はすべて学校教育目標を実現するために行われます。学校教育目標に保護者や地域の人のことが書いてあるのでしょうか。きっと、「こんな子どもに育ってほしい」「子どもたちにはこんな姿を示してほしい」というようなことが書かれていると思いま

すみた・まさはる　学校法人湘南学園学園長。島根県浜田市出身。2010〜2017年度横浜市立永田台小学校校長。2018〜2021年度横浜市立日枝小学校校長。2022年度より現職。ホールスクールアプローチでESD／SDGsを推進。「円たくん」開発者。ユネスコスクールやESD・SDGsの他、学校組織マネジメント・リーダーシップや働き方等の研修講師や講演を行い、カラフルで元気な学校づくり、自律自走する組織づくりで知られる。日本持続発展教育（ESD）推進フォーラム理事、日本国際理解教育学会会員、かながわユネスコスクールネットワーク会長、埼玉県所沢市ESD調査協議会指導者、横浜市ESD推進協議会アドバイザー、オンライン「みらい塾」講師。著書に『カラフルな学校づくり〜ESD実践と校長マインド〜』（学文社、2019）、『「任せる」マネジメント』（学陽書房、2020）、『若手が育つ指示ゼロ学校づくり』（明治図書、2022）。共著『校長の覚悟』『ポスト・コロナの学校を描く』（ともに教育開発研究所、2020）、『ポストコロナ時代の新たな学校づくり』（学事出版、2020）、『できるミドルリーダーの育て方』（学陽書房、2022）、『教育実践ライブラリ』連載、日本教育新聞連載他、多くの教育雑誌や新聞等で記事掲載。

す。判断の拠り所は子どもだと言えるのではないでしょうか。

「子どもたちはどう思っているのだろう？」「子どもたちの考えはどうなんだろう？」「子どもたちの声に耳を傾けてみよう」。子どもたちに問いかければ、きっと自分で考えて、自分の答えを出そうとします。大人以上に考えているかもしれないし、大人が解決できないことにアイデアを出してくれるかもしれません。時には、大人に感動を与えたり、刺激を与えたりしてくれることもあるでしょう。

1月に行われた第14回ユネスコスクール全国大会ESD研究大会では、何人かの高校生が登壇して発表してくれました。発表後の会場からの質問に対し、即答はせず、よくよく考えた上で自分の言葉を噛みしめるように話す姿に好感がもてました。

「高校での取り組みは、小中学校の時のどのような取り組みと繋がっていると思いますか？」という問いには、「小中学校の時の取り組みが今に繋がっているかどうか分かりませんが、今、やることが必要だと思って取り組んでいます。誰もが使いやすい公園にするために、どんな工夫をすればいいか、みんなで考え話し合い、計画を立てていくことが大切だと思います。今やらなければならないと思うことに取り組むことで、未来が良くなっていけばいいのだと思います」と応えました。質問した人は、自分の思い通りの答えが得られなかったという表情ではありましたが、多くの会場の参加者からは拍手が起こりました。

また、学校でSDGs達成に向けて取り組むことについて質問された高校生は、驚きの発言をしてくれました。「こういう話になると、主体性を発揮してとか、生徒が主体的に取り組んで、という話になりますが、それって先生の仕事放棄じゃないですか？　私たちは、分からないから教えてもらいながら知識を増やし、考えを拡げたり深めたりしながら主体的になっていくのだと思います。まず、先生にはしっかり教えてほしいと思います。何も教えないで主体性とか言わないでほしいと思います」と。これにも会場から拍手が起こりました。生徒が多くの大人を前に堂々と意見を述べる姿に逞しさと嬉しささえ感じました。

大人と子どもの共創

持続不可能な、予測不可能な時代と言われますが、子どもたちの声に耳を傾けることで、未来への希望と可能性を感じることができます。持続可能な未来を創造するのは、少し先を歩んでいる大人と、後から急ぎ足で追いつき追い越そうとしている子どもたちです。持続可能な社会づくりの基盤となる持続可能な学校づくりは、大人と子どもが共に学び合い、共創することで実現するのだと思います。一人一人が主人公として、お互いをリスペクトし合い、自分らしさを発揮できるカラフルな学校こそSDGsの理念である「誰一人取り残さない」教育を行う場となるのです。

6回にわたって「SDGs×学校経営〜ニューノーマル時代のビジョンと実践〜」をテーマに書かせていただきました。学校に集うすべての人がSDGsの当事者です。是非、バックナンバーをお読みいただき、取り組みを進めてください。

「何かを始めるのに遅すぎることはありません」

〔最終回〕

授業の事例研究で大事にしていること（6）
授業実践を見るということ、何を見るのか

学びの共同体研究会
佐 藤 雅 彰

小中学校を中心に多くの授業を参観してきた。子どもたちが夢中になって学びに参加する。誰ひとり排除されることなく友達と探究しながら学び方を学んでいる。こうした学びには共通性がある。それは、担任が子どもをよく観て子どもを丸ごと引き受けていること、子ども同士の関係がいいこと、学習を支援する「思考（学び）の道具」が機能していることである。

「思考の道具」とは、図であったり、モノや言葉であったりするが、自分の考えをつくったり、考えを友達に説明したりする道具にもなる。

【実践事例】
茨城県牛久市立ひたち野うしく小学校
小学校3年「算数」三角形と角
野口智子教諭（2022年12月15日実施）

茨城県牛久市立ひたち野うしく小学校（渡辺幸夫校長）で各学年の授業を参観した。この学校では、「一人残らず安心できる学校づくり～一人ひとりがかけがえのない存在～」を目標に、各教室で「自分を認めてくれる、話を聴いてくれる仲間や先生がいる、自分の居場所がある教室」を目指した授業づくりが行われていた。

居場所感と安心が生まれる教室

誰もが居場所感をもち、夢中になって教材に取り組むには、縦の関係（教師と子ども）だけではなく、横の関係（子ども同士）も必要である。

野口学級の子どもたちは、友達の発言をしっかり聴いたり、困っている友達をさりげなく支えたり、ごく自然に友達と協力し合って学んでいる。こうした日常が安心感や居場所感を生み出すのだろう（**写真1**）。

もう一つ「安心・居場所感」が生まれる鍵がある。それは課題のレベルである。レベルが高い方が友達と協働し信頼関係をつくる。

写真1

「何を身に付けるのか」と「思考の道具」とのかかわり

本時の目標は「二等辺三角形を作れない辺の長さを考える」である。展開（9／9時間）は次のとおりである。

共有問題 （授業の前半）	24cmのテープを使って二等辺三角形を作ってみよう （辺の長さは整数）
ジャンプ問題 （授業の後半）	24cmのテープを使って作れない二等辺三角形はどんな場合だろう

課題の「二等辺三角形を『作れる、作れない』を言葉で表現する」は単純である。

けれど小学校3年生が、「作れない二等辺三角形」をどのような言葉で表現するのか、興味を覚えた。

（1）授業の前半「二等辺三角形を作る」

先生の「まずは自分でやってみる。出来上がったらみんなに見せる。いい？」という指示でグループ活動が始まった。子どもたちは、準備された「思考の道具」（24cmのゴム板に目盛りシールを貼りつけた野口先生手作りの道具）で、思い思いに二等辺三角形を作る。

グループ座席は互いの活動が見えやすいし、友達と協力し合えるよさがある。安心して活動ができる関係の中で様々なつぶやきが聞こえた。

「10、10で残りは4。できた！ 見て……」「届かない！ 届かない！ ほら」「もしかしたら、これ直角三角形、見て……」「8cm、8cm、これ正三角形だね」など、対話の中で互いの活動が共有される。それだけでなく、他の三角形の名称も語られ、二等辺三角形のイメージが脳裏に鮮明に刻み込まれ

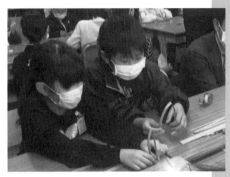

写真2

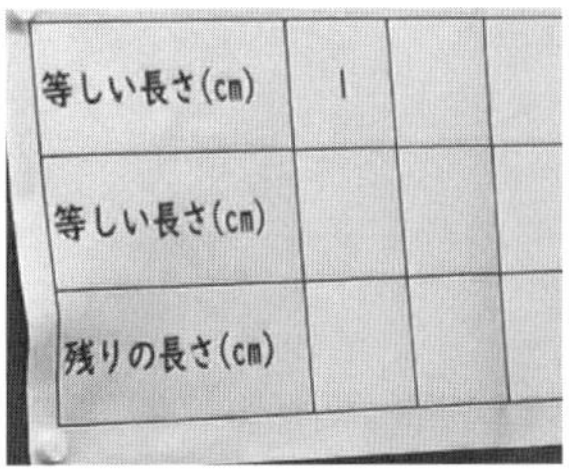

写真3 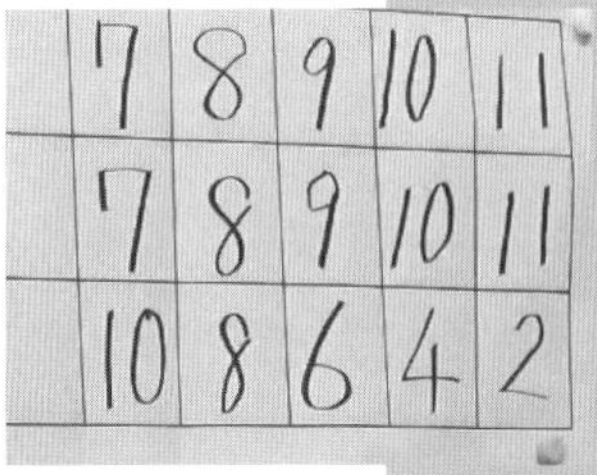　　　　　　　　写真4

る（**写真2**）。

ところで、本時のねらいは「作る」ことではなく、どのような長さの組み合わせならば「作れない」かを考えることである。したがって操作的な活動に長い時間をかけても、あまり意味はない。

野口先生は、二等辺三角形がたくさん作られた段階で、さりげなく黒板に対応表を貼り（**写真3**）、「どんな長さのときに二等辺三角形ができたか」の学習に切り換えた。子どもたちは作成した二等辺三角形の辺の長さを対応表に書き込む（**写真4**）。

「思考の道具」が、ごく自然にゴム板から対応表に切り換わった。

秋野さん（以下すべて、子どもの名前は仮名）は、対応表を見ながら「等しい長さは1cm増えている」、大西さんは、「残りの長さは2cmずつ減っている」とつぶやく。長さを変化という関数的な見方で捉えている。

授業の前半は、二等辺三角形が作れる場合とそうでない場合を知ることがねらいだった。だから、「等しい長さをたすと残りの長さよりも長い」は追究せずに、授業後半の「どんな組み合わせのとき、作れないだろうか」というジャンプ課題につながる。

（2）どんな場合に作れないか。差異の吟味と探究

授業の後半は「二等辺三角形が作れない組み合わせはどんな場合だろう」という問いから始まった。

子どもたちの追究の仕方が二つのタイプに分かれた。一つは授業の前半同様に目盛りシールが貼られたゴム板を使用して考えるグループ。もう一つはゴム板を使用しないで対応表を「思考の道具」にして考えるグループである。どちらが正しいということではないが、ほとんどのグループは対応表を思考の道具にしていた（**写真5**）。

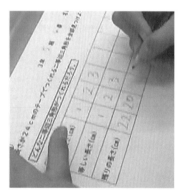
写真5

子どもの発言をどうつなぐか

授業後半のねらいは二つあった。一つは、二等辺三角形が作れない場合を見いだすこと。もう一つは、その決まりを自分の言葉で表現することである。

子どもたちは対応表によって等しい辺が1、2、3、4、5、6cmのときは二等辺三角形ができないことを見いだしていた。問題は表現である。

久保田さんが全体学習で「等しい長さと等しい長

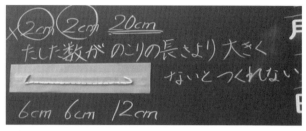
写真6

さをたして残りの辺の長さよりも小さいと、二等辺三角形はできません」と発言した。「そう、そう」とつぶやく子どももいたが、多くは「そういうことか」と言う。どう表現していいかわからなかった様子が感じられる。

先生は、久保田さんの発言をすぐに結論付けずに「じゃ、どんな長さのときに作れないのか、隣の友達に、今、久保田さんが発表したことはどういうことなのか、説明してみましょう」とペアに戻して吟味させた。大事なことである。

野口先生は、日頃から、できる子どもの発言を中心に授業を進めず、その発言を他の子どもにつないだり、ペア・グループ活動に戻したりしている。こうした発言のつなぎ方によって、最初は気づかない子どもも、きっかけをもらい思考を始める。

久保田さんから始まった探究は、最終的に太田さんの発言「たした数がのこりの長さより大きくないとつくれない」で終わった（**写真6**）。

学習を支援する「思考（学び）の道具」が機能したとき「深い学び」につながる

多くの教師が、野口先生のように学習を支援する道具を工夫している。例えば、岡山県岡山市立岡輝中学校の理科授業「地震」では、**写真7・8**のような綿棒で作成された「地震のメカニズムを探究する

さとう・まさあき　東京理科大学卒。静岡県富士市立広見小学校長、同市立岳陽中学校長を歴任。現在は、学びの共同体研究会スーパーバイザーとして、国内各地の小・中学校、ベトナム、インドネシア、タイ等で授業と授業研究の指導にあたっている。主な著書に、『公立中学校の挑戦—授業を変える学校が変わる 富士市立岳陽中学校の実践』『中学校における対話と協同—「学びの共同体」の実践—』『子どもと教室の事実から学ぶ—「学びの共同体」の学校改革と省察—』（いずれも、ぎょうせい）など。

写真7

写真8

道具」が登場した。

左側の女子が地震を起こす（**写真7**）。すると到達点（**写真8**）側にある鈴が、まず「チリン」と鳴る。次に綿棒が揺れ始める。地震によって起きるP波、S波が視覚化・聴覚化され、理解しやすい。

別の中学校では、社会科「歴史」の授業で本物の「ユーロ紙幣」が登場した。その紙幣のデザインから「EUが結成されたきっかけ」をグループで学び合う。歴史的事実のわけ（理由）について、資料（思考の道具）を用いて深い学びにつなげていた。

改めて実践を見るということ
「学びの保障」と「授業の事実をどう語るか」

（1）公教育としての「学びの保障」

授業をするとき、何をおいても「子ども一人ひとりの学びを保障する」ことをヴィジョンにしたい。それとともに、学びの質を保障することである。

具体的には、何を保障するのだろうか。

例えば、夢中になって問題解決に参加することの保障、自分の考えを図や言葉で友達に安心して語る場の保障、多様な思考の差異が吟味される保障、知識・基礎の学び方が学べる保障等が考えられる。

ただ「保障する」にしても、子どもの学習は極めて複雑な営みである。子どもの心を読むことはでき

ない。それでも子どもの言動、しぐさ、目と口の動き、ノート上の思考の跡を見つめながら、子ども一人ひとりの学びを保障するのが教師の役割である。

（2）学びの専門家共同体を構築する

授業を見るといっても、私自身の目を介しての見え方、経験を背後にした見え方でしか見ていない。

だからこそ授業リフレクションは大事である。各教師が多面的な視点で子どもと教室の事実から学べたことを言葉にする。他の教師の見え方から謙虚に学ぶことが専門的な授業の見方を学ぶことになる。

佐藤学はクルト・レヴィンの「場の理論」に啓発され「学びの基盤F、F＝f（P、R、E）」という公式を提案している。「Pは教室の机の配置と教師の居方」「Rは関係。特に聴き合う関係を重視」「Eは静かな環境」を指す（佐藤学著『学びの共同体の創造——探究と協同へ』小学館）。

学びの共同体としての学校は、教師一人ひとりが学びの専門家に育つ学校でもある。そのために、教師一人ひとりが年1回は公開授業を実施し、授業リフレクションで観た事実を意味づける。同僚教師の見方を謙虚に学ぶことで教師は育つ。

コロナ禍で誰もが孤独の時代の中にある。こういう時だからこそ、「学びの基盤」を理論として、「知識・基礎を知る」授業から「知識を深く学ぶための学び方を学ぶ」授業に専念したい。

また、人間性を失わないで、子どもの歓び、辛さ、悔しさ、不安等に対峙できる教師でありたいと思う。

外国につながる子どもの居場所と
アイデンティティづくりに向けて

近年、日本の学校で学ぶ「外国につながる子ども」が増加している。令和4年度の『学校基本調査』によれば、外国籍の子どもの割合は、小学校では全体の1.27%、中学校では0.94%、高等学校（全日制・定時制）では0.55%であった。外国籍の子どもだけでなく、海外から帰国した子どもや国際結婚家庭の子どもなども一定数いることを考えると、日本の学校には多様な文化的・言語的背景をもつ子どもが在籍しているといえる。

昨年12月に公表された『生徒指導提要（改訂版）』では、第13章に「多様な背景を持つ児童生徒への生徒指導」が設けられた。そこでは発達障害や精神疾患、ヤングケアラーなどさまざまなトピックが取り上げられているが、外国につながる子どもについての記述はなぜか13行にとどまっている。

しかし、生徒指導提要（改訂版）にも書かれているように、外国につながる子どもは、文化や言語の違いに起因する複合的な困難に直面することも多く、そうした困難がいじめ被害や不登校、高校中退などに発展することもある（p. 289）。では、文化や言語の違いをさらなる困難につなげないために、教師はどのような生徒指導をしていけばよいのだろうか。

今回は、生徒指導提要（改訂版）でも紹介されている『外国人児童生徒受入れの手引　改訂版』（以下、『手引』）をもとに、教師が外国につながる子どもや周りの子どもに具体的にどのような生徒指導をしていけばよいのかについて整理していきたい。

まずは居場所をつくる

外国につながる子どもは、入学・編入学当初は、日本語がわからなかったり、カルチャーショックがあったりで、大きな精神的不安やストレスを抱えることになる。そのため学級担任には、子どもに居場所をつくるために、温かな姿勢で受け入れることが求められる。『手引』にはその具体的な方法として、以下のことが示されている（pp. 42-43）。

- ・当該の児童生徒の母語と日本語、両方の挨拶で迎えるとよい
- ・座席は、担任の近くとし、いつでも配慮できるようにしておく
- ・個別に話す場面では、ゆっくりはっきりした口調で分かりやすい日本語で語りかける
- ・長所を見つけ、学級の前でほめるように意識し、自己肯定感をもたせる

担任のこうした関わりは、同じ学級の子どもたちに見えるように行うことが重要である。子どもたちはよくも悪くも、教師のふるまいをロールモデルにするためである。そのこともふまえると、担任だけでなく全教職員で足並みをそろえて、母語での挨拶やわかりやすい日本語での語りかけなどを行っていくことが望ましいだろう。

また、教師にとっても周りの子どもにとっても特に難しいと考えられるのが、長所を見つけ、認めていくことである。『手引』にもあるように、日本語の力をあまり必要としないスポーツの場面などで活躍

東京学芸大学准教授
伊藤秀樹

● Profile ●

いとう・ひでき　東京都小平市出身。東京大学大学院教育学研究科博士課程単位取得退学、博士（教育学）。専門は教育社会学・生徒指導論。不登校・学業不振・非行などの背景があり学校生活・社会生活の中でさまざまな困難に直面する子どもへの、教育支援・自立支援のあり方について研究を行ってきた。勤務校では小学校教員を目指す学生向けに教職課程の生徒指導・進路指導の講義を行っている。著書に『高等専修学校における適応と進路』（東信堂）、共編著に『生徒指導・進路指導──理論と方法　第二版』（学文社）など。

できる活発な子どもは、周りの子どもによさが認められやすいので、学級集団に溶けこみやすい。しかし、比較的おとなしい内気な子どもの場合は、周囲からよさが認められづらく、孤立してしまうこともある（p. 43）。絵が上手なことや、掃除や係活動にまじめに取り組むこと、さりげなく手助けをしてくれることなど、教師だからこそ気づけるよさを本人や周りの子どもに伝えていくことが大切であるだろう。

「かけがえのない自分」づくりを支える

　外国につながる子どもは、日本の学校で過ごす中で、自分が何者であるかという帰属意識や、自分が周囲や社会から認められているという感覚が脅かされるような、アイデンティティの危機に直面することがある。日本の学校は、外国につながる子どもにとって、ややもすれば母文化を奪われ（奪文化化）、マジョリティの言語や文化に同化させられる場となりうる（太田 2000など）。そうしたなかでは、母語や母文化、母国に肯定的な感覚をもてず、自身をかけがえのない大切な存在だと認識しにくくなる。

　そのため『手引』では、外国につながる子どもに対して、「自分の母語、母文化、母国に対して誇りを持って生きられるような配慮が必要となります」（p. 9）と記している。また、学校の課外活動で「継承語」という位置づけで母語・母文化の習得を援助すること（p. 10）や、保護者に家庭では子どもと母語で多くの会話をするよう勧めていくこと（p. 46）などが提案されている。

　ただし、課外活動や家庭生活で母語や母文化が尊重されたとしても、日常的な学校生活が奪文化化や同化を求める場であり続けたならば、子どもたちは「かけがえのない自分」という感覚をもつことができるだろうか。

　高橋（2021）によれば、多くの教師が外国につながる子どもに対して、私的領域では母語や母文化を維持することが望ましいと考える一方で、学校では日本の規範や慣習を守ることを当然の「ルール」だと考えているという。しかし教師には、学校で絶対視されるその規範や慣習は子どもたちのアイデンティティをねじ曲げてまで貫き通すべきものか、という視点も必要だろう。

　外国につながる子どもにとって、休日は学校の活動より教会に行くことを優先したり、学校にピアスをしてきたり、授業中に積極的に挙手・発言をしたりすることは、母国では当たり前であるかもしれない。こうした母国と日本の学校文化の間で生じる摩擦については、子どもや保護者に教育活動として理解を求めるべきものもあれば、宗教的な判断を尊重すべきものや、校則や暗黙のルールを見直すきっかけとして考えるべきものもある。外国につながる子どもを一方的に日本の規範や慣習に従わせようとするのではなく、周りの子どもに異文化理解を促し、それをお互いにとって新たな学びの契機にしていくような生徒指導も、これからの時代には欠かせないのではないだろうか。

［引用・参考文献］
• 文部科学省『外国人児童生徒受入れの手引　改訂版』2019年
• 太田晴雄著『ニューカマーの子どもと日本の学校』国際書院、2000年
• 高橋史子著「移民児童生徒に対する教員のまなざし」恒吉僚子・額賀美紗子編『新グローバル時代に挑む日本の教育』東京大学出版会、2021年、pp. 47-60

いきいきと輝く自分づくりを目指す総合的な学習の時間

福島県会津若松市立鶴城小学校

未来を切り拓く総合的学習
Pioneer-No.6

会津若松市立鶴城小学校は、創立150年を迎えた歴史ある学校である。校舎からは、鶴ヶ城を望むことができ、歴史・観光の街、会津若松市内の中心部に位置している。本校は、郷土会津の生んだ先人の志と行動に学び、その精神を継承し、豊かな人間性と創造性を備えた「いきいきと輝く自分をつくる子ども」を育成することを教育目標としている。

鶴ヶ城をはじめとして、歴史的建造物や先人の遺跡、伝統工芸品が並ぶ七日町通りなどに囲まれており、恵まれた地域素材を生かしたテーマが、3年生からの総合的な学習の時間（びゃっこタイム）に位置づけられている。教育目標である、「いきいきと輝く自分をつくる子どもの育成」のために、びゃっこタイムでは、「（自分なりの考えをつくり、心を寄せて）ききあう」「（友達、教材、生活・経験と）つながる」「（他の学びや育ちを見つめ、成長が）みえる」の3つの子どもの姿を大切にし、自ら課題を見つけ、人と関わりながら探究し、自分の生活や行動と関連付けて考え、地域への誇りや愛着をもつことのできる子どもの育成を目指している。

思いや願いの「みどり」を生かした単元構想

6年生は、昨年度、学びのテーマを会津の伝統工芸品とした。はじめは、赤べこや会津木綿などの伝統工芸品の歴史や製法に関心をもち、調査活動に取り組んだ子どもたち。修学旅行生も多く訪れる、レトロな街並みである七日町通りで、様々な伝統工芸品と出会った。現地での調査活動と発見したことや疑問に思ったことの共有を繰り返す過程で、「七日町通りって昔はシャッター街だったらしい」「どのようにして今のような観光地になったのだろう」という問いへと発展してきた。まちづくりに尽力した方々との出会いをきっかけに1年間の学びを通して、伝統を守るために苦労を重ねてもあきらめなかった地域の人々の努力と強い想いがあることを知

「びゃっこ部」の研究構想

地元の方にインタビューする子どもたち

る。さらに、地元の高校生が店舗のシャッターに赤べこを描き、七日町通りに華を添える試みを知る。それらをきっかけとし、小学生の自分たちにも何かできることはないかと考え始めたのである。

　今年度は、昨年度に引き続き、子どもの問いの可視化と思いや願いの「みとり」を生かし、カリキュラム・マネジメントをより重視して単元を構想した。

　4月、改めて市内を「まちなか探検」し、会津のよいところは何かについて、地域の方々にインタビューすることから単元がスタートした。「自然が豊かである」「食べ物がおいしい」「鶴ヶ城などの観光地がある」など、これまでの学びと関連する地域の方々の声を共有した。しかし、その一方で「歴史を知っている人があまりいなかった」「いいところがなかなか言えない人もいた」など、少数ではあるが、子どもたちの「どうして？」という疑問が湧き出るような地域の方々の声があり、この子どもの気づきをみとり、学級全体の問いへとつなげていく学びを構成した。

自分を主語にして、本音で話す

　本校では、友達の考えを聴き合う、対話を重視した学び合いにより、教材や仲間とつながり、自分だけではたどり着けない学びの高まりにたどり着く姿

友達とつながることで学びを深める

を目指している。この対話的な学びの中で大切にしているのが、自分の生活、経験、関心、情動などと関連させた「自分の言葉で語る」姿である。自然や歴史に囲まれた会津を自慢できるふるさとと感じながらも、実際のインタビューでは、地域のよさを即答できない大人もいることに気づいた子どもたち。改めて自分自身の郷土に対する価値観を見直すきっかけとなった。会津若松市は、「映画館や遊園地がない」「交通の便も悪く、雪も多い」などの困り感を本音で話す。「人口も減っているのでは」というつぶやき、教師からは、それを裏付ける人口減少のデータが示された。年間で、約1000人減少していること、特に若年層の流出が著しいことに気づき、「昔の七日町通りみたいにシャッター街ばかりになってしまう」「このままでいいのか」。自然と声があがった。これまでの総合的な学習の時間で、会津のよさ、会津らしさとは何かを学んできた。未来の会津若松市について、「都会とは違って、田舎かもしれないけれど、会津らしさは大切に残していきたい」という友達の発言に大きくうなずく姿に自分たちの住む会津若松市を誇りに思う気持ちが表れていた。そして、会津のよさを残しつつも、このままではいけないのではないか、何とかしたいという思いを共有し、会津の未来へと視点を切り替え、地域的課題の解決に向けた企画として、「未来のあいづプロジェクト」を立ち上げた。子どもたちはこれまでの生活経験や学習で、会津のよさ、会津らしさを感じながら成長してきた。自分が生かしたい会津のよさとは何か改めて考え、地域の課題と関連付けながら、真剣に企画を生み出していく子どもたちの姿があった。

　その際、連携を図ったのが、「スマートシティAiCT」である。本市は、ICT関連産業の技術を生かしたまちづくり「スマートシティ構想」の実現に向けた取組を推進している。新たな地域素材である「スマートシティ構想」に深く関わる情報通信技術

を取り扱う企業が集積したオフィスビル「スマートシティ AiCT」と連携し、子どもたちの企画する「あいづの未来プロジェクト」について、発信の場を設け、より専門的な視点でアドバイスをいただく機会を得た。子どもたちは、実際に地域課題の解決に取り組んでいる方々に企画をプレゼンテーションするという責任感をもち、グループで真剣に話し合いながら企画の質を高めていった。

「赤べこを使ったおもちゃの開発」

「観光地をめぐるエコツアー」

発信「未来のあいづプロジェクト」

「伝統工芸品があまり売れなくなっている。後継者もいない」「家族で遊ぶことができるレジャー施設がほしい」「市内の様々な観光地を巡れる、環境にも優しいツアーがあったらいい」。会津が抱える地域的課題、その解決に向けての企画会議が始まった。「伝統工芸品があまり売れていない。もっと有名にしたい」という思いをもつグループは、「小さい子どもたちが親しめる、赤べこをイメージしたおもちゃ」をコンセプトに、企画を具体化していった。本番のプレゼンに備え、学級でのリハーサルを実施した。お互いの企画を聴き合い、より詳しく、説得力のあるプレゼンとなるように、アドバイスし合い、高め合おうとすることができた。

いよいよ「未来のあいづプロジェクト」プレゼンの当日。5社の企業の方にスライドを提示しながら自分たちの企画を伝えた。プレゼンを1回行うごとに、企業の方から多面的なアドバイスをいただき、企画を練り直す。「資金はどうするのか。クラウドファンディングという方法もある」「他との差別化を図った方がよい」などの自分たちだけでは気づくことができなかった視点でのアドバイスをもらい、各グループが「未来のあいづプロジェクト」をより現実味のある企画へと高めていく作戦を練った。

AiCT企業からの質問やアドバイスを真剣に受け止め、企画をよりよいものへと練り直した子どもたち。企業の方々から「みなさんの会津が大好きという思いの強さを感じた」という言葉をいただき、よ

学習発表会「鶴城まつり」での発信

プレゼン当日の子どもたち

り多くの方に伝えたいという思いを強めた。秋に開催される学習発表会の場で、保護者や下級生に向けての発信に意欲を見せた。

ききあい、つながって学ぶ

　子どもたちが捉える「会津のざんねんなところ」の解決に向けて、実際にこれからの会津を見据え、実践している企業AiCTと連携することで、自分たちができること、考えられることはないかと試行錯誤し、仲間と学び合いながら探究し、5つの企画を練り上げ、発信してきた。

　前述したとおり、本校は「ききあう」「つながる」「みえる」の3つの姿を大切にする。教師も子どももつながって学び合う楽しさ・有効性を確かめながら授業づくりに努めている。友達とつながることで気づきの質を高め、実社会や実生活とつながることで自分事として考える。また、「活動・体験」と「思考・表現」をつなげることで、対象について深く考えたり、直接働きかけたり、地域と子どもたちとの双方向のやりとりが繰り返される。

　子どもたちは地域が抱える課題について本音で語り、これまでの総合的な学習の時間で培った会津への思いを大切にしながら、未来を見つめたプロジェクトを企画し、会津への思い、郷土愛を深めることができたのである。

　本校の総合的な学習の時間（びゃっこタイム）で目指す、仲間と協働しながら、社会とつながる学びは始まったばかりである。未来の創り手である子どもたちが、題材と深く関わり、人と出会いながら探究心をもって課題解決に挑む「いきいきと輝く自分をつくる」姿を今後も追い続けていきたい。

（教諭　平子理世・遠藤佑真）

Adviser's Eye 👀　　　　　　　　　　　　　早稲田大学教授　**藤井千春**

　鶴城小学校は、市内の伝統校・研究校である。しかし、市内中心部の空洞化と住民の多様化に伴い、生活指導面での困難を抱えていた。教師たちは、授業の在り方を見直し、子どもたちの生活面での自信と意欲を育むことをめざした。

◆仲間とのつながりを実感できる学習活動

　子どもたちは仲間とのつながりの中で育つ。仲間からの支えや期待を実感することで、「よい自分」になろうと努力する。子どもの集団の教育力の育成を、学習指導の柱に据え、生活指導との一体化を図った。子どもたちが自らの生活経験や感情などを、自分の言葉で語ること、そして、友だちの語りにつぶやきで応答することを大切にした。自分の語りを友だちに深化・発展するようにつなげてもらえたと、また、友だちの語りを深化・発展するようにつなげてあげたと、相互に実感させることに、教師の役割を置いた。研究協議も、子どもたちがつながることを通じて、それぞれが学びをどのように遂げたかに焦点を当てた。「子どもの学びにかえる」ことを標題とした。子どもの集団の教育力は高まり機能していった。

◆未来とのつながりを実感できる学習活動

　会津若松市は、観光客数は多く、伝統工芸品も豊富である。しかし、新幹線網からは外れており、人口流出など衰退傾向は否めない。子どもたちが地域に誇りを持てるようにと、歴史的・観光的な資源を取り上げ、「人・もの・こと」についてフィールドワーク、インタビュー、体験などを展開することは、一方では重要である。しかし、もう一方で、未来への発展を、子どもたちが現実的な視点で構想できる学習活動も要請される。6年生の子どもたちは、新たに市内（スマートシティ AiCT）に進出した情報通信技術関係の企業に勤める人々と交流した。他地域から移住した人々から、会津のよさについて聞くとともに、起業に向けてのアドバイスを受けた。未来に向けての起業なども教材にして、子どもたちに地域の伝統とつながり、また、地域の未来の発展に向けて、自分の生き方とのつながりを構想できる学習活動を展開している。

「子どもにどこまでも優しく、どこまでも寄り添い、そして結果にもつながる授業」を目指して

教師主体の授業がもたらした学級崩壊

　新採1年目。理想とする授業イメージをもっているわけでもなく、自分が子どもの頃に受けてきた授業を思い出しながら繰り返す自分本位の一斉授業に、子どもたちは荒れた。完全なる学級崩壊。子どもは教室を飛び出し、ようやく全員を連れ戻した頃には終業のチャイム。そのような状態が、毎日繰り返され、次第に子どもの視線が怖くなった。ようやく1日が終わって職員室に戻ると、今度は保護者の問い合わせへの対応。2、3年目も1年目ほどではないにしろ、自分が描いていた理想の学級、授業とは程遠いものだった。4年目を迎えた時、「もう同じ思いは嫌だ。授業がうまくなりたい。授業で子どもに力をつけられる教師になりたい」。そう心から思った。思い返せば、そこが本当の意味での私の教職人生のスタートだったように思う。採用からの3年間、子どもに充実した学校生活を送らせることができなかった原因は明白だった。授業力不足である。

悩みと願いそして葛藤

　それからというもの、研修には積極的に参加し、授業力向上につながりそうな書籍があれば読み漁った。授業公開も進んでした。
　そのような取組を始めてから20年近く。子どもたちが荒れることはなくなり、授業も自分の理想に近づいた。導入段階で課題を示せば、子どもが既習内容や教科書、資料から根拠を見つけ、考えを交流し合って課題を解決していく。極力教師の出番は減らし「教師の役割は子どもが学ぶ様子を見せる授業になるための事前準備にとどめる」と割り切った。
　すると、「先生の説明が少ないから、自分たちで授業を進められて楽しい」「先生より友達の説明を聞く方がよく分かる」「分からない友達に説明をして、『分かった』と言ってもらえた時が嬉しい」など肯定的な感想が増えていった。
　しかし、私の頭から拭えなかったことがある。「学びに向かう姿が多くの子どもに見られるようになったものの必ずしも全員ではなく、しかも結果につながってはいない」という悩み。「学習した成果を結果につなげ、目に見える形で子どもたちに自分の頑張りを実感させたい」という願い。「しかし、結果だけが学びのすべてではない」という葛藤である。そんな折、「授業力向上のきっかけにしたい」と思い、市教委主催の講演会に参加した。それが西留安雄先生の提唱される授業（以下「全員活躍型授業」）との出会いであった。

「動きのある授業」との出会い

　「全員活躍型授業を実践すれば、必ず学力は向上します」「学習指導要領が教師主導から子ども主体の授業へと変わったんです」「子どもの『活き活きとした動きのある授業にしてほしい』という声が聞こえていますか」。
　様々な実証データと子どもの姿を示しながら話をされる西留先生の講演は魅力的だった。授業改善に行き詰まりを感じていた私は、「全員活躍型授業」と出会えたことをラストチャンスだと思った。ただ1点気になることがあった。「動きのある授業」である。交流活動の必要性は理解し、頻繁に取り入れるようになってはいたものの、過去の苦い経験もあり、「子どもたちが授業中に動く＝離席＝落ち着きのない授業・規律が曖昧な授業」という思いは払拭できずにいた。しかし、西留先生は「『動きのある授業』を子どもたちは求めている」と言い切られた

大分県中津市立豊陽中学校教頭
清水浩司

のである。衝撃的であった。しかし同時に「ぜひ実践してみたい」とも思った。すぐに当日の資料だけではなく、関係小学校のホームページも閲覧し、2学期に備えた。しかし、当時私は2年生の担任。「私自身も経験がない実践方法に、まだ2年生の子どもたちが関心を示してくれるだろうか」という不安もあったが、「実践してみたい」という思いの方が勝った。

「全員活躍型授業」のもつ力

迎えた2学期。最初の1時間で私の不安は霧散した。子どもたちが活き活きと動き回るのだ。課題に向かい五感を目一杯使って。しかもである。これまでは、結果につなげるにはプレテストをし、宿題で何度も取り組ませる必要があった。それが授業だけでテストの結果が上昇し始めたのだ。これは翌年、6年生の担任をした時も、他の学校で実践した時も同様であった。しかも学力調査でもいずれの集団も大幅な上昇が見られたのである。

授業改革に取り組んで5年が経過した年、中学校への赴任が決まった。「果たして、この授業スタイルが中学生にも効果的だろうか？」。正直不安はあった。しかも授業を行うのは3年生である。失敗すれば受験にも影響がある。しかし、ここでも不安より「中学生にも学びを楽しませ、学力向上を実感させてあげたい」という思いの方が勝った。

授業開きの日、「学習リーダー（編集部注：授業の準備をしたり、授業の司会進行役となる生徒）を中心にした生徒主体の授業を行う」ことを伝えた。生徒たちの反応は今ひとつである。興味が半分、不安が半分という様子であった。

しかし、数回授業をすると生徒たちの授業感想は「動き回れるので、授業中眠ることがなくなった」

「自分たちで進めることに達成感を感じる」「友達と考えを交流すると、先生の説明よりずっと分かる」等の肯定的なもので溢れた。2クラスの授業を担当したが、否定的な感想は皆無であった。「小学生とか中学生とか関係なく、全ての子どもが活き活きと学びに向かい、着実に学力向上が見られる授業」。それが西留先生の提唱される「全員活躍型授業」のもつ力であることを実感した。

頻繁に行われる「アウトプット」

「全員活躍型授業」の展開は、私がこれまで実践してきた授業と大差はなかった。では、なぜ「全員活躍型授業」は結果にもつながるのか。その答えは、明確だった。まず、圧倒的に子ども全員が「アウトプット」する場面が多い。しかも、そのアウトプットのさせ方が多彩で、ペア学習一つとっても「横ペアでの交流」「前後ペアでの交流」「クロスペアでの交流」とあるのだ。しかし、交流を効果的にするには子どもに自分の考えをしっかりともたせておく必要がある。考えをもたない子どもは単なる「聞き役」に終始し、アウトプットする機会を失う

アウトプットしている場面

子どもが創る授業Ⅲ

からだ。

きめ細やかな手立ての数々

この「全員に考えをもたせる」ための手立てこそが、私のこれまでの授業との決定的な違いであった。とてもきめ細かな手立ての数々。中でも効果的だったのが、以下に示す「見通し場面の設定」「キーワードの活用」「グーパーチェック」「ぶらぶらタイム」の4つである。

①見通し場面の設定

課題に対し「一人でじっくり考える場面」を設定する教師は多いであろう。しかし、よく考えてみて欲しい。課題というのは、「子どもが見せるつまずき」から設定することがほとんどである。学びから逃げがちな子どもに「自分の力で自らのつまずきを解決せよ。そのために10分間あげるから」。それは、学びに消極的な子ども、解決方法が分からない子どもにとっては苦痛でしかない。

「全員活躍型授業」はここから違う。すぐに「見通し場面」を設定する。「これまでの学習内容と同じ所・違う所はどこなのか」「何を尋ねられているのか」などをテンポよくアウトプットさせていくのである。

②キーワードの活用

そして登場するのが「キーワード」だ。子どもは、このキーワードを活用して「どのようにすれば課題を解決できるのか」まで授業の前半でアウトプットをし、全員で確認するのである。

「そのようなことをしたら、考える楽しさ、解決できた時の達成感を味わわせられないではないか」。私も実践するまではそう考えていた。しかし、これが肝なのである。

キーワードを頼りに生徒が板書

③グーパーチェック

次に「グーパーチェック」を行う。方法は至極簡単である。「見通し」後の学習を自分の力で進められそうな子どもにはパー、自信がない子どもにはグーを挙げさせ、みんなで確認するのである。「分からないこと、自信がないことをみんなに伝えたりさせたら子どもたちは嫌がるのでは」。私もこの授業に取り組むまではそう考えていた。しかし、違った。子どもに堂々とグーを挙げられる手立てを「全員活躍型授業」は準備しているのである。

④ぶらぶらタイム

「自分の力でできそう」と自信があったのに、いざ書き始めると途中でハタと手が止まってしまう子どもがいる。そのような子どものために「自由に立ち回って友達の考えを参考にしてよい。」という時間を設定するのである。「手が止まった子ども」や「グーパーチェックでグーを挙げた子ども」は、この「ぶらぶらタイム」を待っている。「分からない時は我慢してじっとしている必要はないんだよ。どんどん立ち回って友達に尋ねればいいんだよ」。これを授業のルールとして認めているのである。

小学生も中学生もこの時間が大好きだ。「教えて」

ぶらぶらタイム

「どこが分からないの？」と、教室中に自然と会話と笑顔が溢れだす。自然発生的な交流が終わると、子どもたちは再び満足げに個人学習へ戻っていく。

どこまでも優しく、どこまでも寄り添うために

　「全員活躍型授業」では常に子どもの思考はアクティブである。躓いても躓いても、次から次に学びを支える手立てが準備されているから、子どもは学びに向かっていく。時には自分の力で、時には友達の手を借りながら。これは、小学生でも中学生でも同様である。まさに今回の学習指導要領で求められている「主体的に学習に取り組む態度」が毎時間醸成されるのである。自ら学びに向かい始めた子どもの成長が著しいのは多くの先生方もご存じのことであろう。また、自ら学んで身につけた知識や技能は応用も効き、まさに「自在に使いこなせる知識・技能」として子どもに定着していく。これが結果として表れ、子どもたちは自らの学びが間違っていないことや自らの努力が報われたことを実感し、喜び、更に意欲的に学び始める好循環に入るのである。

　中津市教委も現在、大分県が提唱する「新大分スタンダードがある授業」を全員活躍型授業によって深化させ、「みんな活躍授業」と銘打って市内への拡充を目指している。市をあげて、全ての子どもにどこまでも優しく、どこまでも寄り添い、そして結果にもつながる授業の実践を目指しているのである。

　冒頭で書いた私と同じような「悩み・願い・葛藤」を抱えているのであれば、すぐにでも西留先生が提唱される「全員活躍型授業」を実践することをお勧めする。すでに多くのマニュアルがあり、誰もが簡単に始められ、かつ数時間で子どもの学びが激変する「全員活躍型授業」を多くの先生方が実践され、たくさんの子どもに、自ら学ぶことの楽しさと結果につながる喜びを伝えていただけたらと切に願う。

主体的に学ぶ生徒たち

子どもが創る授業Ⅲ

寸評Good&More

教育の黒船が来た

高知県７市町村教育委員会授業改善アドバイザー

西留安雄

　朝日新聞GLOBE（１／22付）に考えさせられた。日本にインターナショナルスクールが次々と開校しているようだ。公教育に満足できない保護者が希望していると思われる。変わらない日本の教育にビジネスチャンスがあるとみた海外の学校が日本に進出してきているようだ。少子化の日本だが、それを超えての開校ラッシュだ。「教育の黒船」が来たといえようか。

1　インターナショナルスクールが全国に70校を超えた

　特徴的なことは、欧米だけでなくアジア系（インド・ネパール）の企業や学校法人が日本にインターナショナルスクールを開校していることだ。場所は関東圏が目立つ。

①英国のパブリックスクール３校が日本に進出

　○ハロウインターナショナルスクール安比ジャパン（2022年８月開校・岩手県八幡平市安比高原）

　　日本初のパブリックスクールの系列校。英国式カリキュラムをとる。７歳から13歳まで世界12か国の子どもが在籍。英語を中心とした授業。「学び方のプロセスを重視し生徒の創造性や個性を伸ばす」ことが学校の方針。

　○ラグビースクール・ジャパン（2023年秋開校予定・千葉県柏市）

　　ラグビーの発祥の地・英国からの進出。７歳から13歳までを対象。英国式カリキュラムをとる。寄宿生と通学生を受け入れる。世界各国から教員を招聘する。

　○マルバーン・カレッジ東京校（2023年９月開校・東京都小平市）

　　初等教育と中等教育で国際バカロレアを提供する予定。幼稚園年長から高校３年生まで950人を受け入れる。

②その他

　○グローバル・インディアン・インターナショナル・スクール４校（2006年開校・インド人学校・未就園児〜高校３年生・日本人の生徒が60％）

　　ITと数学に強いことを前面に出している。自分の要求に合ったカリキュラムを自由に選ぶことができる。

　○ワンワールド（シンガポール・2022年秋開校・大阪や東京に開校）

　　日本人を取り込むことが主なようだ。５年後には、グローバル・インディアン・インターナショナル・スクール４校とワンワールドで生徒数が5000人。

　○エベレスト・インターナショナル・スクール・ジャパン

　　ネパール政府公認のカリキュラムを使う。未就学から高校３年生まで400人在籍。英国式カリキュラム。教育の質の高さを公言している。

　○沖縄アミークスインターナショナル（幼小中一貫教育・沖縄県うるま市）

　○ユナイテッド・ワールド・カレッジISAKジャパン（全寮制高校・長野県軽井沢町）

　○神石インターナショナルスクール（全寮制小学校・広島県神石高原町）

2　公教育の進むべき道と合致

　インターナショナルスクールを希望する保護者は、日本の画一的な教育ではグローバルな人材に育たないとの考えがあるようだ。150年続いてきた日本の教育制度が問われている。ものの考え方を根底から考えていく時期にきていると思う。学習指導要領の趣旨を今一度読み直し、その趣旨を徹底することが私たちに課せられている。

授業備品（No.211）

「授業備品」（No.211）「あたらしい　あたりまえ」

　今年こそは、全教師が子どもに学び方を身につけさせてほしいとの思いで、毎年日本国中を訪問させていただいている。それは、全員の子どもたちが創る授業を待ち望んでいるからだ。だが、現状はかつての昭和型の日本の授業観から抜けきれない。「現状のあたりまえ」が続いている授業をいまだ多く見る。教師が授業をする、教科内容を教えるということが主となっていることから転換できない。なぜそうしたことが続くのかを考えた。

1　かつてのあたりまえ

　1月2月は、受験の時期だ。そのためにひたすら「覚える」ことが主な学びとなっている。「教育は昔も今もこれからも変わらない」という言葉を私学の幹部から聞いたことがある。有名校に何人入れるかが主となっており、肝心の「人づくり」には至っていない。こうしたことが、進むべき教育や授業像につながらない一因だ。こうした考え方が教師の中にもあるのも確かだ。テレビから流れるCMも、全ての子どもが先生を見て話を聞くスタイル。社会も、授業は教師が教えることが「あたりまえ」という認識のままだ。

2　あたらしい　あたりまえ

　これまでの日本型授業（一斉指導・挙手指名発表等）に疑問を持たない、教科教育の内容を教えるとの思い込み。これでは、教師の授業は変わらない。その日本の授業観を変えるためには、海外の授業が参考になる。今や徹底した「探究学習」が多くなった。「アクティブ・ラーニング」もアメリカ発だ。「あたらしい　あたりまえ」とは、子どもたちが学び方を身につけ主体的に学ぶ方法だ。これこそがあたりまえの授業なのだ。

3　動き続け、挑戦し続ける

　この「動き続け、挑戦し続ける」とは、子どもたちのことだけを言っているのではない。大人も同じだ。私のこれまでの経験から、動き続け、挑戦していく人の生き方は何歳になっても変わらない。子どもは、授業において教師の話を聞くだけの受け身ではなく、個々が動き、仲間と楽しく学びを深めていってほしい。そして、子ども自身が自分の進化をし続け、生きていってほしいと願うばかりだ。

　このことに視点を置いた中央教育審議会のいわゆる「令和答申」（昭和型から令和の日本型授業に変えていく）は至極当たり前だと思う。これまでの授業観を変えず、ただ知識を身につけさせる。受験が重要だと考え、かつての授業観で授業をする。学習指導要領が変わっても授業方法を変えない。自分自身の授業改革に動いていない。挑戦し続ける意志もない。もう、こうした教師の生き方を止めよう。生き方と同じように、授業改革も動き続け、挑戦し続けるしかない。

4　自分の言葉で自分のことをいかに話せるか

　学び方（学習スタンダード）が定着していない学校の子どもたちを見ると、総じて声が小さい。教師がたくさん話すため、「単語」しか話さない子どもが多い。教師の発問に、単語の一部でも話せば、待ってましたと教師が話を始める。こうした構図の授業が、子どもたちの「話したい」を止めている。

　子どもたちは、令和から先を生きる。世界の子どもが当たり前に話せるように、私たちの目の前にいる子どもたちに自分の言葉で自分のことを話せるようにしよう。全国に学び方（学習スタンダード）を身につけて話せるようになった子どもたちが多くいることに気付いてほしい。

5　ICTスキル、学び方を身につける

　学び方が身につかない原因は、子どもではなく教師側にあると思う。教師自身の授業改革が進まないことと関連している。教科書の内容を教えるだけに固執していれば、ICTスキルや学び方が身につかないのは当たり前だ。教師が積極的に指導すればよいことなのに、先送りにしている。

　これではいけない。まず、子どもたちが学び方（学習スタンダード）を身につけることが重要だ。学び方を身につければ、子どもたち自身がICT活用にも挑戦していくと思う。研究者から、学び方が土台となってこそICT活用の効果も上がると聞く。GIGAスクールでICTが使える条件は揃っている。教師が変われば、ICTも進む。

学校文化の「華」を咲かせるために

東京都立豊島高等学校長

大山　敏

　東京都立豊島高等学校は86年前、東京府立第十高等女学校として開校しました。80年前にできた夜間学校と併せ、現在は全日制各学年7クラスずつ21クラス、定時制各学年1クラスずつ4クラスの規模を持つ全定併置校です。都立中堅校の中では人気が高く、来年度から新学年で1クラス増えます。

　初代校長が掲げた校是は「至誠」、良妻賢母主義的な女性らしいたおやかさやもてなしの心を標榜したかったものと見えます。この長い学校の歴史の中に5年間だけ身を置くこととなった私は、赴任当初、毎日校長室で「至誠」の扁額（**写真1**）とにらめっこしながら、教育とは不易と流行だとばかり、「何事にも誠心誠意全力で取り組む生徒」を育てる学校と校訓を解釈し直しました。

　ところで、本校が立地する武蔵野台地の閑静な住宅地に、新校舎が完成して16か月がたちます。

　建築面積6,500㎡以上、延べ床面積15,161㎡以上に上る新校舎は、旧校舎の課題であった使い勝手の悪さを全て克服し、敷地西側半分に校舎棟・管理棟から体育館、テニスコートまでを収めたにもかかわらず随所に開放感を維持し、正門から生徒玄関まで

の「豊島アベニュー」と名付けたエントランスロード、324名収容の大学講義室のような階段状の視聴覚室、天井が3階の天井と同じになった背の高いアリーナなど、いずれも外光と緑と多摩産材を多く取り入れた豊かな空間を実現できました。生徒がこの学び舎で、一段高い進路の実現を、主体性を高めながら実現する道を邁進していくのだろうと思うたび、校長室にいる私は胸躍る気持ちを抑えきれません。新しい建物は人の気持ちを新しくするのです。

　校長室もこの間、私の在籍した間だけでも三度装いを変えています（**写真2**）。旧校舎と仮校舎、新校舎のそれです。平成27年、都議会を本校の大規模改修工事案が通って以来、7年を閲しての建て替えでした。校長室の椅子も従来は重厚な肘掛け椅子でしたが、現在のプレジデントチェアは大きく異なります。何しろ名案（迷案？）が次々と浮かぶのです。

　少し引っ込み思案でおとなしい生徒の「主体性の向上」に悩んでいるとき、母国語以外に、英語を苦

写真1　「至誠」の扁額

写真2　校長室の応接ソファ

写真3　日中交流の証

労して学んでいる相身互いの異国の生徒と、開校以来初めて生徒を交流させようと思い立ったのもこの部屋です。まず、北京は盧溝橋の傍にそびえる市立豊台第二中学校（中高一貫校）と、生徒会長・前生徒会長を引き連れて乗り込み、姉妹校提携を結びました（**写真3**）。直後のコロナ禍で十分な交流ができていませんが、北京大学主催の日中高校生交流に参加するなど、生徒が海外の生徒と対話する機会をオンラインではあれ得ることができました。次は生徒の英語コミュニケーション能力を上げるべく、オーストラリアのブリスベンにある高校でのスタディツアーに来年度以降挑んでいくつもりです。

また、一段高い進路希望を保ち続けるには、生徒の進路意識をゆさぶる先人のお話が欠かせません。「豊島セミナー」と名付けた講演会で、駅の着メロを全曲演奏でき作曲もしている方、女子プロレスラーで気象予報士、ラジオのDJもされている方、男性保育士に女性消防士、日本一の赤字路線と言われた銚子電鉄を立て直した社長、化粧品会社の研究開発員、高校時代の経験や社会人になってからの苦労話などをなるべくユニークな方に語ってもらおうとしたとき、校長室でのパソコンと首っ引きでの人

選作業は楽しかったものです（**写真4**）。

さらに、十分とは言えませんが校長室の開放にも取り組みました。本校全日制の看板部活動、吹奏楽部の幹部諸君が練習方法についての要望の直談判に訪れたり、将来起業したい生徒や出版人になりたい生徒が、私の教員になる前の前歴を知って話をしに来たりしました。文化祭の見事にデジタル処理されたポスター（**写真5**）を持ってきてくれた定時制生徒の才能にうなったのもここでした。「一段高い進路希望の実現」を学校教育目標に掲げ、国公立大学志望者を増やす学校経営計画に応え、総合型選抜で初めて横浜国立大学に合格した生徒も報告に直接来てくれました。

都立高校の校長室は職員室から遠く離れています。この位置が示す高い独立性と深い孤立性は、思うに、学校の「よしなしごと」に惑わされず、学校経営に深く思いを致し、方策を立てるに格好である場所を象徴しています。私はここから、生徒の学校生活を豊かなものにする学校文化の「華」を大きく咲かせるために、日々ない頭を振り絞る毎日を楽しんでいます。

写真4　「豊島セミナー」講演者の色紙

写真5　定時制文化祭のポスター

探究・振り返りを大切にした深い学びへ
〜子どもがつながる・子どもをつなぐ授業をめざして〜

滋賀県守山市立中洲小学校教諭
岸本和旭

　わたしは、教員になって「こんなに奥深い職」に出会えたことを誇りに思っています。授業を通して子どもたちの成長が感じられることや、子どもたちの表情が生き生きと輝く瞬間に出会えることの喜びを常々感じています。子どもや保護者から「先生の授業は楽しい」と言ってもらえた時が、「頑張ってきてよかった」と思える瞬間であり、「もっと頑張りたい」と邁進する活力をもらえる瞬間でもあります。

 ### 「逆向き設計」を意識した単元構想

　子どもが、国語科における１つの単元を学び終えた時、どのような資質能力が身についているのか、学習指導要領の指導事項と目の前にいる子どもの実態を基に、つけさせたい力はどのようなものなのかを授業者である教師自身が明確に持つことで、めざすべきところがぶれない指導を心がけています。
　「三年とうげ」（光村図書　三）の学習は、学習指導要領では「〔思考力、判断力、表現力等〕のC読むこと（１）エ　登場人物の気持ちの変化について、場面の移り変わりと結び付けて具体的に想像することができる」と位置づけられています。児童の実態を踏まえて、読書経験が少ないと思われる世界の様々な国の民話というテーマで読書活動を行い、物語のおもしろさを紹介することにより、物語の世界に浸る楽しさを味わい、これからの幅広い読書生活へとつなげるようにしていきたい。また、起承転結が分かりやすいという物語の特徴を生かし、話の組み立てを捉えることであらすじをわかりやすくまとめられることにも気づかせたい。という指導観を

明確にします。そこから単元終了時の子どもの姿を「話の組み立てを捉えて、世界の民話のおもしろかったことや、心に残ったことを紹介することができる」と明確にして、一時間ごとに到達地点の設定や探究活動の構想へと進みます。最後に、「子どもがしたいこと」と「教師がさせたいこと」がすり合わせられるような魅力的な導入を設定するというサイクルで単元構想を行います。
　このように、単元終了時の子どもの姿→各時間の学習終了時の子どもの姿→各時間の探究活動→単元の導入と「逆向き設計」を意識した単元構想を行うことで、学びのゴールに到達するための一貫した発問や指導の手立て、子どもへの支援を行うことができると考えます。

 ### 「子どもがしたいこと」と「教師がさせたいこと」をすり合わせる単元の導入

　単元の導入時には、子どもたちとともに単元のゴールイメージを明確にしていきます。この際、「主体的・対話的で深い学び」の実現のために「子どもがしたいと感じること」と「教師が学ばせたいと思うこと」をつなげることを意識します。物語の範読後、学んだことをどのような形で誰に発信したいかを話し合います。
　「こまを楽しむ」（光村図書　三）の学習は、学習指導要領では、「〔思考力、判断力、表現力等〕のC読むこと（１）ア　段落相互関係に着目しながら、考えとそれを支える理由や事例との関係などについて、叙述を基に捉えることができる」と位置づけられています。子どもたちには、この学習を通して自

●Profile

きしもと・かずあき　1993年生まれ。小学校時代から高校時代まで、学習になかなかついていくことができず、勉強に興味が持てなかったが、予備校時代に初めて「勉強が分かる楽しさ」を教えてくれた国語講師に憧れ、教師を志しました。2017年、滋賀県草津市立玉川小学校から教師生活をスタートさせ3年間勤務した後、守山市立中洲小学校に転任し、現在教師生活6年目。現在は、「主体的・対話的で深い学び」を実現するために、探究活動において子どもが友だちの考えを主体的に聞き、考えをつなげ、深めていく学習方法の確立、そして、子どもが学びを確かにして次時や他教科、日常生活へとつなげる振り返りを行うことのできる学習方法の確立に迫る国語科の授業づくりに力を入れています。

●モットー

楽しくて力のつく学習をめざして

分たちが伝えたいことの「よさ」を相手に分かりやすく伝えるこつを学ぶことを伝えました。子どもたちは「誰に」「何を」伝えたいかを話し合います。自分たちの生活を振り返って、本校に伝わるルールである「4つのあ」(あいさつ、あるき方、あとしまつ、あったか言葉)の意識が低いということに気づき、全校に向けてルールを守るよさについて伝える紹介文をつくり、昇降口に掲示することに決まりました。その後、紹介文を書くためには、この文章からどんなことを学べばよいのかを話し合います。「はじめ・中・終わり」には、どのようなことを書くとよいのか、「中」のそれぞれの段落では、どのようによさを伝えるとよいのか、を学ぶ必要があるということになり、学習計画を子どもとつくりました。

　このように、「子どもがしたいこと」と「教師がさせたいこと」をすり合わせることで、子どもが目的意識を持ち、単元終了時まで思考を止めず、見通しを持って主体的に学習を進めることができました。

 子どもがつながる・子どもをつなぐ
　　授業をめざして

　このような授業をめざすきっかけとなったのは、学習中、自分の考えを発表する児童は全体の7割〜8割いるのに対し、友だちが発表した意見に対して自分の考えを発表する児童が1割程しかいなかったことが挙げられます。

　この実態から、学習中に友だちの考えに共感したり、質問・反論したりしながら探究活動を進められる発表の仕方を児童が身につけることができれば、主体的・対話的で深い学びが実現できるのではないかと考え、子どもが友だちの意見を主体的に聞き、考えをつなげ、深めていく手立てとしたハンドサインを使った学習方法「発表の達人」を活用しました。

ハンドサインを使った学習法「発表の達人」

 「できた」「わかった」が
　　実感できる授業を

　「発表の達人」を使って学習することで、子どもたちが課題意識を持ち、本文の叙述を基にした話し合い活動を通して教材文の読みを深めることができました。取組みをはじめた6月と取組み中の12月に実施したアンケートでは、指名されたとき、先生にではなく、友だちに向かって発表している(47%→95%)。友だちの発表の中で、分かりにくいところや疑問があったので、質問したことがあった(39%→65%)。振り返りに書いた分かったことを次の時間に活かせたことがあった(52%→65%)。と、6月に比べて多くの児童が友だちや次時とのつながりを意識した学習を行っていることが分かりました。

　今後も、子どもたちが学ぶ目的を持ち、対話を通して多様な意見に触れる楽しさを感じ、資質・能力を獲得できる授業づくりをしていきたいと考えます。そのために、さまざまな研修の場に足を運んだり、先輩教員の方から学んだりしたいです。そして、目の前の子どもたちが「できた」「わかった」「次も挑戦してみたい」と実感できる授業をめざします。

●次期教育振興基本計画について

> ▶ 令和5年度から5年間の教育政策の目標と基本施策を定める次期（第4期）教育振興基本計画の在り方について検討を重ねてきた中央教育審議会教育振興基本計画部会は、令和5（2023）年2月24日開催の第14回会合で「次期教育振興基本計画について（答申（案））」に関する最終審議を行いました。これを受けて3月の中央教育審議会総会において答申が提出され、同答申に基づき、令和5年度早期に第4期教育振興基本計画が閣議決定される見込みです。
> 　第4期教育振興基本計画では、下記のように、2つのコンセプト、5つの基本的な方針、16の目標・基本施策が掲げられることとなります。将来の予測が困難な時代において、教育政策が進むべき道筋、各校のリーダーが目指すべき方向性を示す羅針盤とも言える総合計画です。

〈次期（第4期）教育振興基本計画：令和5年度〜令和9年度〉

総括的な基本方針・コンセプト

・2040年以降の社会を見据えた持続可能な社会の創り手の育成

・日本社会に根差したウェルビーイングの向上

5つの基本的な方針

①　グローバル化する社会の持続的な発展に向けて学び続ける人材の育成

②　誰一人取り残さず、全ての人の可能性を引き出す共生社会の実現に向けた教育の推進

③　地域や家庭で共に学び支え合う社会の実現に向けた教育の推進

④　教育デジタルトランスフォーメーション（DX）の推進

⑤　計画の実効性確保のための基盤整備・対話

今後5年間の教育政策の目標と基本施策

目標1　確かな学力の育成、幅広い知識と教養・専門的能力・職業実践力の育成

目標2　豊かな心の育成

目標3　健やかな体の育成、スポーツを通じた豊かな心身の育成

目標4　グローバル社会における人材育成

目標5　イノベーションを担う人材育成

目標6　主体的に社会の形成に参画する態度の育成・規範意識の醸成

目標7　多様な教育ニーズへの対応と社会的包摂

目標8　生涯学び、活躍できる環境整備

目標9　学校・家庭・地域の連携・協働の推進による地域の教育力の向上

目標10　地域コミュニティの基盤を支える社会教育の推進

目標11　教育DXの推進・デジタル人材の育成

目標12　指導体制・ICT環境の整備、教育研究基盤の強化

目標13　経済的状況、地理的条件によらない質の高い学びの確保

目標14　NPO・企業・地域団体等との連携・協働

目標15　安全・安心で質の高い教育研究環境の整備、児童生徒等の安全確保

目標16　各ステークホルダーとの対話を通じた計画策定・フォローアップ

次期教育振興基本計画について（答申（案））[抜粋]
令和5年2月24日
中央教育審議会教育振興基本計画部会（第14回）

Ⅱ．今後の教育政策に関する基本的な方針

（2040年以降の社会を見据えた持続可能な社会の創り手の育成）

○　グローバル化や気候変動などの地球環境問題、少子化・人口減少、都市と地方の格差などの社会課題やロシアのウクライナ侵略による国際情勢の不安定化の中で、一人一人のウェルビーイングを実現していくためには、この社会を持続的に発展させていかなければならない。特に我が国においては少子化・人口減少が著しく、将来にわたって財政や社会保障などの社会制度を持続可能なものとし、現在の経済水準を維持しつつ、活力あふれる社会を実現していくためには、一人一人の生産性向上と多様な人材の社会参画を促進する必要がある。また、社会課題の解決と経済成長を結び付けて新たなイノベーションにつながる取組を推進することが求められる。Society5.0においてこれらを実現していくために不可欠なのは「人」の力であり、「人への投資」を通じて社会の持続的な発展を生み出す人材を育成していかなければならない。

○　こうした社会の実現に向けては、一人一人が自分のよさや可能性を認識するとともに、あらゆる他者を価値のある存在として尊重し、多様な人々と協働しながら様々な社会的変化を乗り越え、豊かな人生を切り拓き、「持続可能な社会の創り手」になることを目指すという考え方が重要である。将来の予測が困難な時代において、未来に向けて自らが社会の創り手となり、課題解決などを通じて、持続可能な社会を維持・発展させていくことが求められる。

○　Society5.0においては、「主体性」、「リーダーシップ」、「創造力」、「課題設定・解決能力」、「論理的思考力」、「表現力」、「チームワーク」などの資質・能力を備えた人材が期待されている。こうした要請も踏まえ、個々人が自立して自らの個性・能力を伸長するとともに、多様な価値観に基づいて地球規模課題の解決等を牽引する人材を育成していくことも重要である。

（日本社会に根差したウェルビーイングの向上・日本発の概念整理）

○　ウェルビーイングとは身体的・精神的・社会的に良い状態にあることをいい、短期的な幸福のみならず、生きがいや人生の意義など将来にわたる持続的な幸福を含むものである。また、個人のみならず、個人を取り巻く場や地域、社会が持続的に良い状態であることを含む包括的な概念である。

○　ウェルビーイングの捉え方は国や地域の文化的・社会的背景により異なりうるものであり、一人一人の置かれた状況によっても多様なウェルビーイングの求め方がありうる。

○　すなわち、ウェルビーイングの実現とは、多様な個人それぞれが幸せや生きがいを感じるとともに、地域や社会が幸せや豊かさを感じられるものとなることであり、教育を通じて日本社会に根差したウェルビーイングの向上を図っていくことが求められる。

○　ウェルビーイングの国際的な比較調査においては、自尊感情や自己効力感が高いことが人生の幸福をもたらすとの考え方が強調されており、これは個人が獲得・達成する能力や状態に基づくウェルビーイング（獲得的要素）を重視する欧米的な文化的価値観に基づく側面がある。同調査によると日本を含むアジアの文化圏の子供や成人のウェルビーイングは低いとの傾向が報告されることがあるが、我が国においては利他性、協働性、社会

貢献意識など、人とのつながり・関係性に基づく要素（協調的要素）が人々のウェルビーイングにとって重要な意味を有している。このため、我が国においては、ウェルビーイングの獲得的要素と協調的要素を調和的・一体的に育む日本発のウェルビーイングの実現を目指すことが求められる。こうした「調和と協調（Balance and Harmony）」に基づくウェルビーイングの考え方は世界的にも取り入れられつつあり、我が国の特徴や良さを生かすものとして国際的に発信していくことも重要である。

○　日本社会に根差したウェルビーイングの要素としては、「幸福感（現在と将来、自分と周りの他者）」、「学校や地域でのつながり」、「協働性」、「利他性」、「多様性への理解」、「サポートを受けられる環境」、「社会貢献意識」、「自己肯定感」、「自己実現（達成感、キャリア意識など）」、「心身の健康」、「安全・安心な環境」などが挙げられる。これらを教育を通じて向上させていくことが重要であり、その結果として特に子供たちの主観的な認識が変化したかについてエビデンスを収集していくことが求められる。なお、協調的幸福については、組織への帰属を前提とした閉じた協調ではなく、共創するための基盤としての協調という考え方が重要であるとともに、物事を前向きにとらえていく姿勢も重要である。

○　ウェルビーイングと学力は対立的に捉えるのではなく、個人のウェルビーイングを支える要素として学力や学習環境、家庭環境、地域とのつながりなどがあり、それらの環境整備のための施策を講じていくという視点が重要である。また、社会情動的スキルやいわゆる非認知能力を育成する視点も重要である。さらに、組織や社会を優先して個人のウェルビーイングを犠牲にするのではなく、個人の幸せがまず尊重されるという前提に立つことが必要である。

○　子供たちのウェルビーイングを高めるためには、教師のウェルビーイングを確保することが必要であり、学校が教師のウェルビーイングを高める場となることが重要である。子供の成長実感や保護者や地域との信頼関係があり、職場の心理的安全性が保たれ、労働環境などが良い状態であることなどが求められる。加えて、職員や支援人材など学校のすべての構成員のウェルビーイングの確保も重要である。こうしたことが学びの土壌や環境を良い状態に保ち、学習者のウェルビーイングを向上する基盤となり、結果として家庭や地域のウェルビーイングにもつながるものとなる。

○　さらに、生涯学習・社会教育を通じて地域コミュニティを基盤としてウェルビーイングを実現していく視点も大切である。

○　また、社会全体のウェルビーイングの実現に向けては、個人のウェルビーイングが様々な場において高められ、個人の集合としての場や組織のウェルビーイングが高い状態が実現され、そうした場や組織が社会全体に増えていくことが必要となる。子供たち一人一人が幸福や生きがいを感じられる学びを保護者や地域の人々とともにつくっていくことで、学校に携わる人々のウェルビーイングが高まり、その広がりが一人一人の子供や地域を支え、さらには世代を超えて循環していくという在り方が求められる。

○　第2期教育振興基本計画において掲げられるとともに、第3期教育振興基本計画においてもその理念が継承された「自立」、「協働」、「創造」については、「自立」と「協働」は個別最適な学びと協働的な学びの一体的充実に対応する方向性であり、「創造」は主体的・対話的で深い学びの視点からの授業改善を通じてもたらされるものである。これまでの計画の基軸を発展的に継承し、誰もが地域や社会とのつながりや国際的なつながり

を持つことができるような教育を推進することで、個人と社会のウェルビーイングの実現を目指すことが重要である。

（5つの基本的な方針）

○　本計画においては、上述の総括的な基本方針の下、以下の5つの基本的な方針を定める。

①グローバル化する社会の持続的な発展に向けて学び続ける人材の育成

②誰一人取り残さず、全ての人の可能性を引き出す共生社会の実現に向けた教育の推進

③地域や家庭で共に学び支え合う社会の実現に向けた教育の推進

④教育デジタルトランスフォーメーション（DX）の推進

⑤計画の実効性確保のための基盤整備・対話

Ⅳ．今後5年間の教育政策の目標と基本施策

目標1　確かな学力の育成、幅広い知識と教養・専門的能力・職業実践力の育成

学校段階間・学校種間及び学校と社会との連携・接続を図りつつ、各学校段階を通じて、知識・技能、思考力・判断力・表現力等、学びに向かう力、人間性等の確かな学力の育成、幅広い知識と教養、専門的能力、職業実践力の育成を図る。その際、初等中等教育段階においては、同一年齢・同一内容の学習を前提とした教育の在り方に過度にとらわれず、多様な個々の状況に応じた学びの実現を目指す。

【基本施策】

○個別最適な学びと協働的な学びの一体的充実

○新しい時代に求められる資質・能力を育む学習指導要領の実施

○幼児教育の質の向上

○高等学校教育改革

○全国学力・学習状況調査の実施・分析・活用

○大学入学者選抜改革

○学修者本位の教育の推進

○文理横断・文理融合教育の推進

○キャリア教育・職業教育の充実

○学校段階間・学校と社会の接続の推進

目標2　豊かな心の育成

子供たちの豊かな情操や道徳心を培い、正義感、責任感、自他の生命の尊重、他者への思いやり、自己肯定感、人間関係を築く力、社会性などを育み、子供の最善の利益の実現と主観的ウェルビーイングの向上を図るとともに人格形成の根幹及び民主的な国家・社会の持続的発展の基盤を育む。

【基本施策】

○子供の権利利益の擁護

○主観的ウェルビーイングの向上

○道徳教育の推進

○いじめ等への対応、人権教育の推進

○発達支持的生徒指導の推進

○生命の安全教育の推進

○体験活動・交流活動の充実

○読書活動の充実

○伝統や文化等に関する教育の推進

○青少年の健全育成

○文化芸術による子供の豊かな心の育成

目標3　健やかな体の育成、スポーツを通じた豊かな心身の育成

生涯にわたって運動やスポーツに親しむ資質・能力を育成するとともに、生活習慣の確立や学校保健の推進等により、心身の健康の増進と体力の向上を図る。

【基本施策】

○学校保健、学校給食・食育の充実

○生活習慣の確立、学校体育の充実・高度化

○運動部活動改革の推進と身近な地域における子供のスポーツ環境の整備充実

○アスリートの発掘・育成支援

○体育・スポーツ施設の整備充実

○スポーツ実施者の安全・安心の確保

○スポーツを通じた健康増進
○スポーツを通じた共生社会の実現・障害者スポーツの振興

目標4　グローバル社会における人材育成

　伝統と文化を尊重し、それらを育んできた我が国と郷土を愛するとともに、他国を尊重し、国際社会の平和と発展に寄与する態度、豊かな語学力、異なる文化・価値を乗り越えて関係を構築するためのコミュニケーション能力、新しい価値を創造する能力、主体性・積極性・包摂性、異文化・多様性の理解や社会貢献、国際貢献の精神等を身に付けて様々な分野・地域で国際社会の一員として活躍できる人材を育成する。

【基本施策】
○日本人学生・生徒の海外留学の推進
○外国人留学生の受入れの推進
○高等学校・高等専門学校・大学等の国際化
○外国語教育の充実
○国際教育協力と日本型教育の海外展開
○在外教育施設の魅力向上
○芸術家等の文化芸術の担い手の育成

目標5　イノベーションを担う人材育成

　複雑かつ困難な社会課題の解決や持続的な社会の発展に向けて、新たな知を創り出し、多様な知を持ち寄って「総合知」として活用し、新たな価値を生み出す創造性を有して既存の様々な枠を越えて活躍できる、イノベーションを担う人材を育成する。

【基本施策】
○探究・STEAM教育の充実
○大学院教育改革
○若手研究者・科学技術イノベーションを担う人材育成
○高等専門学校の高度化
○大学・専門学校等における専門人材育成
○理工系分野をはじめとした人材育成及び女性の活躍推進

○優れた才能・個性を伸ばす教育の推進
○起業家教育（アントレプレナーシップ教育）の推進
○大学の共創拠点化

目標6　主体的に社会の形成に参画する態度の育成・規範意識の醸成

　公共の精神に基づき、主体的に社会の形成に参画し、その発展に寄与する態度、規範意識、自然を大切にし、環境の保全に寄与する態度などを養う。

【基本施策】
○子供の意見表明
○主権者教育の推進
○持続可能な開発のための教育（ESD）の推進
○男女共同参画の推進
○消費者教育の推進
○環境教育の推進
○災害復興教育の推進

目標7　多様な教育ニーズへの対応と社会的包摂

　障害や不登校、日本語能力、特異な才能、複合的な困難等の多様なニーズを有する子供たちに対応するため、社会的包摂の観点から個別最適な学びの機会を確保するとともに、全ての子供たちがそれぞれの多様性を認め合い、互いに高め合う協働的な学びの機会も確保することなどを通して、一人一人の能力・可能性を最大限に伸ばす教育を実現し、ウェルビーイングの向上を図る。その際、一人一人が持つ長所や強みに着目し、可能性を引き出して発揮させていくという視点や、多様性の尊重によるマジョリティの変容を重視するとともに、各施策間のつながりを念頭に置いた対応が図られるよう取組を推進する。

【基本施策】
○特別支援教育の推進
○不登校児童生徒への支援の推進
○ヤングケアラーの支援
○子供の貧困対策
○高校中退者等に対する支援

○海外で学ぶ日本人・日本で学ぶ外国人等への教育
　の推進
○特異な才能のある児童生徒に対する指導・支援
○大学等における学生支援
○夜間中学の設置・充実
○高等学校定時制課程・通信制課程の質の確保・向
　上
○高等専修学校における教育の推進
○日本語教育の充実
○教育相談体制の整備
○障害者の生涯学習の推進
○障害者の文化芸術活動の推進

目標8　生涯学び、活躍できる環境整備

　人生100年時代を見据え、全ての人のウェルビー
イングの実現のためにも、人生の各場面で生じる個
人や社会の課題の解決につながる学習機会が保障さ
れ、学ぶことで充実感を得て継続的な学びにつなが
るよう、生涯学び、活躍できる環境を整備する。多
様な世代への情報提供や学習成果の可視化、仲間と
つながりながら学ぶことができる環境整備を図る。
【基本施策】
○大学等と産業界の連携等によるリカレント教育の
　充実
○働きながら学べる環境整備
○リカレント教育のための経済支援・情報提供
○現代的・社会的な課題に対応した学習等の推進
○女性活躍に向けたリカレント教育の推進
○高齢者の生涯学習の推進
○リカレント教育の成果の適切な評価・活用
○学習履歴の可視化の促進
○生涯を通じた文化芸術活動の推進

目標9　学校・家庭・地域の連携・協働の推進による地域の教育力の向上

　学校・家庭・地域が連携・協働することにより、
地域社会との様々な関わりを通じて子供たちが安心
して活動できる居場所づくりや、地域全体で子供た
ちを育む学校づくりを推進する。
【基本施策】
○コミュニティ・スクールと地域学校協働活動の一
　体的推進
○家庭教育支援の充実
○部活動の地域連携や地域クラブ活動への移行に向
　けた環境の一体的な整備

目標10　地域コミュニティの基盤を支える社会教育の推進

　地域コミュニティの基盤強化に向けて、地域住民
の学びの場である社会教育施設の機能強化や社会教
育人材養成等を通じ、社会教育を推進する。
【基本施策】
○社会教育施設の機能強化
○社会教育人材の養成・活躍機会拡充
○地域課題の解決に向けた関係施設・施策との連携

目標11　教育DXの推進・デジタル人材の育成

　教育においてICTの活用が「日常化」するよう、
初等中等教育段階では、基本的方針で示した通り、
当面DXの第3段階を見据えながら、第1段階から
第2段階への移行を着実に進めるとともに、第3段
階に相当する先進事例の創出、高等教育におけるデ
ジタル人材育成、社会教育分野のデジタル活用推進
等に取り組む。
【基本施策】
○1人1台端末の活用
○児童生徒の情報活用能力の育成
○教師の指導力向上
○校務DXの推進
○教育データの標準化
○基盤的ツールの開発・活用
○教育データ分析・利活用及び先端技術の利活用
○デジタル人材育成の推進（高等教育）
○教育環境のデジタル化の促進（高等教育）
○社会教育分野のデジタル活用推進

目標12 指導体制・ICT環境の整備、教育研究基盤の強化

　教師の養成、採用、研修の改革や、魅力ある優れた教師の確保・資質能力の向上を進めるとともに、学校における働き方改革、ICTの活用、学校の指導・事務体制の強化、支援スタッフとの連携・分担体制の構築等を通じて、教師が教師でなければできないことに注力できる体制を整備し、教職の魅力向上、教師のウェルビーイングの向上を目指す。高等教育段階においては、学長のリーダーシップと責任の下、教育研究の質向上に向けた基盤の強化等を行う。

【基本施策】
（初等中等教育段階）
○指導体制の整備
○学校における働き方改革の更なる推進
○教師の養成・採用・研修の一体的改革
○ICT環境の充実
○地方教育行政の充実
（高等教育段階）
○教育研究の質向上に向けた基盤の確立
○高等教育機関の連携・統合

目標13 経済的状況、地理的条件によらない質の高い学びの確保

　家庭の経済状況や地理的条件によらず、希望すれば誰もが質の高い教育を受けられるよう、教育費負担の軽減を図るとともに、へき地や過疎地域等における学びの支援を行う。

【基本施策】
○教育費負担の軽減に向けた経済的支援
○へき地や過疎地域等における学びの支援
○災害時における学びの支援

目標14 NPO・企業・地域団体等との連携・協働

　NPOや企業、地域団体等との連携・協働により、学校外の多様な担い手による学びの提供や多様な支援体制の確保を図り、学びの多様化や地域等と一体となった活動を推進する。

【基本施策】
○NPOとの連携
○企業との連携
○スポーツ・文化芸術団体との連携
○医療・保健機関との連携
○福祉機関との連携
○警察・司法との連携
○関係省庁との連携

目標15 安全・安心で質の高い教育研究環境の整備、児童生徒等の安全確保

　学校施設について、安全・安心を確保しつつ新しい時代の学びを実現するため、教育環境向上と老朽化対策の一体的な整備等を進めるとともに、教材、学校図書館、社会教育施設等の学校内外における教育環境を充実する。また、私立学校の教育研究基盤の整備を推進する。さらに、子供たちが安心・安全に学校生活を送ることができるよう、学校安全を推進する。

【基本施策】
○学校施設の整備
○学校における教材等の充実
○私立学校の教育研究基盤の整備
○文教施設の官民連携
○学校安全の推進

目標16 各ステークホルダーとの対話を通じた計画策定・フォローアップ

　教育振興基本計画の策定・フォローアップにおいて、子供を含む各ステークホルダーからの意見聴取・対話を行い、計画への反映を行うなど、当事者の意見を取り入れた計画の策定・実施を推進する。

【基本施策】
○各ステークホルダー（子供含む）からの意見聴取・対話

次期教育振興基本計画について（答申（案））【概要】　　資料3

我が国の教育をめぐる現状・課題・展望

教育の普遍的な使命：学制150年、教育基本法の理念・目的・目標（不易）の実現のための、社会や時代の変化への対応（流行）
▶ 教育振興基本計画は予測困難な時代における教育の方向性を示す羅針盤となるものであり、教育は社会を牽引する駆動力の中核を担う営み

【社会の現状や変化】
・新型コロナウイルス感染症の拡大　・ロシアのウクライナ侵略による国際情勢の不安定化　・VUCAの時代（変動性、不確実性、複雑性、曖昧性）　・少子化・人口減少や高齢化
・グローバル化・地球規模課題　・DXの進展、AI・ロボット・グリーン（脱炭素）　・共生社会・社会的包摂　・精神的豊かさの重視（ウェルビーイング）　・18歳成年・こども基本法　等

第3期計画期間中の成果	第3期計画期間中の課題
・（初等中等教育）国際的に高い学力水準の維持、GIGAスクール構想、教職員定数改善　・（高等教育）教学マネジメントや質保証システムの確立、連携・統合のための体制整備　・（学校段階横断）教育費負担軽減による進学率向上、教育研究環境整備や耐震化　等	・コロナ禍でのグローバルな交流や体験活動の停滞　・不登校・いじめ重大事態等の増加　・学校の長時間勤務や教師不足　・地域の教育力の低下、家庭を取り巻く環境の変化　・高度専門人材の不足や労働生産性の低迷　・博士課程進学率の低さ　等

次期計画のコンセプト

2040年以降の社会を見据えた持続可能な社会の創り手の育成
・将来の予測が困難な時代において、未来に向けて自らが社会の創り手となり、課題解決などを通じて、持続可能な社会を維持・発展させていく
・社会課題の解決を、経済成長と結び付けてイノベーションにつなげる取組や、一人一人の生産性向上による、活力ある社会の実現に向けて「人への投資」が必要
・Society5.0で活躍する、主体性、リーダーシップ、創造力、課題発見・解決力、論理的思考力、表現力、チームワークなどを備えた人材の育成

日本社会に根差したウェルビーイング（※）の向上
・多様な個人それぞれの幸せや生きがいを感じるとともに、地域や社会が幸せや豊かさを感じられるものとなるための教育の在り方
・幸福感、学校や地域でのつながり、利他性、協働性、自己肯定感、自己実現等が含まれ、協調的要素と獲得的要素を調和的・一体的に育む
・日本発の調和と協調（Balance and Harmony）に基づくウェルビーイングを発信

※身体的・精神的・社会的に良い状態にあること。短期的な幸福のみならず、生きがいや人生の意義などの将来にわたる持続的な幸福を含む概念。

今後の教育政策に関する基本的な方針

グローバル化する社会の持続的な発展に向けて学び続ける人材の育成
・主体的に社会の形成に参画、持続的社会の発展に寄与
・「主体的・対話的で深い学び」の視点からの授業改善、大学教育の質保証
・探究・STEAM教育、文理横断・文理融合教育等を推進
・グローバル化の中で留学等国際交流や大学等国際化、外国語教育の充実、SDGsの実現に貢献するESD等を推進
・リカレント教育を通じた高度人材育成

誰一人取り残さず、全ての人の可能性を引き出す共生社会の実現に向けた教育の推進
・子供が抱える困難が多様化・複雑化する中で、個別最適・協働的な学びの一体的充実やインクルーシブ教育システムの推進による多様な教育ニーズへの対応
・支援を必要とする子供の長所・強みに着目する視点の重視、地域社会の国際化への対応、多様性、公平・公正、包摂性（DE&I）ある共生社会の実現に向けた教育を推進
・ICT等の活用による学び・交流機会、アクセシビリティの向上

地域や家庭で共に学び支え合う社会の実現に向けた教育の推進
・持続的な地域コミュニティの基盤形成に向けて、公民館等の社会教育施設の機能強化や社会教育人材の養成と活躍機会の拡大
・コミュニティ・スクールと地域学校協働活動の一体的推進、家庭教育支援の充実による学校・家庭・地域の連携強化
・生涯学習を通じた自己実現、地域や社会への貢献等により、当事者として地域社会の担い手となる

人生100年時代に複線化する生涯にわたって学び続ける学習者

教育デジタルトランスフォーメーション（DX）の推進

DXに至る3段階（電子化→最適化→新たな価値（DX））において、第3段階を見据え、第1段階から第2段階への移行の着実な推進	GIGAスクール構想、情報活用能力の育成、校務DXを通じた働き方改革、教師のICT活用指導力の向上等、DX人材の育成等を推進	教育データの標準化、基盤的ツールの開発・活用、教育データの分析・利活用の推進	デジタルの活用と併せてリアル（対面）活動も不可欠、学習場面等に応じた最適な組合せ

計画の実効性確保のための基盤整備・対話

指導体制・ICT環境等の整備、学校における働き方改革の更なる推進、経済的・地理的状況によらない学びの確保	NPO・企業等多様な担い手との連携・協働、安全・安心で質の高い教育研究環境等の整備、児童生徒等の安全確保	各関係団体・関係者（子供を含む）との対話を通じた計画の策定等

今後の教育政策の遂行に当たっての評価・投資等の在り方

教育政策の持続的改善のための評価・指標の在り方
・客観的な根拠を重視した教育政策のPDCAサイクルの推進
・調査結果（定量・定性調査）に基づく多様な関係者の対話を通じた政策・実践の改善
・データ等を分析し、企画立案等を行うことのできる行政職員の育成
・教育データ（ビッグデータ）の分析に基づいた政策の評価・改善の促進

教育投資の在り方
「人への投資」は成長の源泉であり、成長と分配の好循環を生み出すため、教育への効果的投資を図る必要。「未来への投資」としての教育投資を社会全体で確保。

①教育費負担軽減の着実な実施及び更なる推進
・幼児教育・保育の無償化、高等学校等就学支援金による授業料支援、高等教育の修学支援新制度等による教育費負担軽減を着実に実施
・高等教育の給付型奨学金等の多子世帯や理工農系の学生等の中間層への拡大　等

②各教育段階における教育の質の向上に向けた環境整備
・GIGAスクール構想、教師の処遇在り方検討、指導体制の構築、教員研修高度化
・国立大学法人運営費交付金・私学助成の適切な措置、成長分野への転換支援の基金創設
・リカレント教育の環境整備、学校施設・大学キャンパスの教育研究環境向上と老朽化対策　等

OECD諸国など諸外国における公財政支出など教育投資の状況を参考とし、必要な予算について財源を措置し、真に必要な教育投資を確保

今後5年間の教育政策の目標と基本施策

教育政策の目標	基本施策（例）	指標（例）
1．確かな学力の育成、幅広い知識と教養・専門的な能力・職業実践力の育成	○個別最適な学びと協働的な学びの一体的充実　○新しい時代に求められる資質・能力を育む学習指導要領の実施　○幼児教育の質の向上　○高等学校教育改革　○大学入学者選抜改革　○学修者本位の教育の推進　○文理横断・文理融合教育の推進　○キャリア教育・職業教育の推進　○学校段階間・学校と社会の接続の推進	・OECDのPISAにおける世界トップレベル水準の維持・到達　・授業の内容がよく分かる、勉強は好きと思う児童生徒の割合　・将来の夢や目標を持っている児童生徒の割合　・高校生・大学生の授業外学修時間　・PBL（課題解決型学習）を行う大学等の割合　・職業実践力育成プログラム（BP）の認定課程数
2．豊かな心の育成	○道徳教育の推進　○いじめ等への対応、人権教育の推進　○発達支持的生徒指導の推進　○体験・交流活動の充実　○読書活動の充実　○伝統や文化等に関する教育の推進　○文化芸術による子供の豊かな心の推進	・自分にはよいところがあると思う児童生徒の割合　・人が困っている時は進んで助けていると考える児童生徒の割合　・自然体験活動に関する行事に参加した青少年の割合
3．健やかな体の育成、スポーツを通じた豊かな心身の育成	○学校保健、学校給食・食育の充実　○生活習慣の確立、学校体育の充実・高度化　○運動部活動改革の推進と身近な地域における子供のスポーツ環境の整備充実　○アスリートの発掘・育成支援	・朝食を欠食する児童生徒の割合　・1週間の総運動時間が60分未満の児童生徒の割合　・卒業後にもスポーツをしたいと思う児童生徒の割合
4．グローバル社会における人材育成	○日本人学生・生徒の海外留学の推進　○外国人留学生の受入れの推進　○高等学校・高等専門学校・大学の国際化　○外国語教育の充実	・英語力について、中学・高校卒業段階で一定水準を達成した中高生の割合　※留学等の国際交流は今後設定予定
5．イノベーションを担う人材育成	○探究・STEAM教育の充実　○大学院教育改革　○高等専門学校の高度化　○理工系分野をはじめとした人材育成及び女性の活躍推進　○起業家教育（アントレプレナーシップ教育）の推進　○大学の共創拠点化	・修士入学者数に対する博士入学者数の割合　・自然科学（理系）分野を専攻する学生の割合　・大学等における起業家教育の受講者数
6．主体的に社会の形成に参画する態度の育成・規範意識の醸成	○子供の意見表明　○主権者教育の推進　○消費者教育の推進　○持続可能な開発のための教育（ESD）の推進　○男女共同参画の推進　○環境教育の推進　○災害復興教育の推進	・地域や社会をよくするために何かしてみたいと思う児童生徒の割合　・学級生活をよりよくするために学級会で話し合い、互いの意見のよさを生かして解決方法を決めていると答える児童生徒の割合

教育政策の目標	基本施策（例）	指標（例）
７．多様な教育ニーズへの対応と社会的包摂	○特別支援教育の推進　○不登校児童生徒への支援の推進　○ヤングケアラーの支援　○子供の貧困対策　○海外で学ぶ日本人・日本で学ぶ外国人等への教育の推進　○特異な才能のある児童生徒に対する指導・支援　○大学等における学生支援　○夜間中学の設置・充実　○高校定時制・通信制課程の質の確保・向上　○高等専修学校の教育の推進　○日本語教育の充実　○障害者の生涯学習の推進	・個別の指導計画・個別の教育支援計画の作成状況　・学校内外に相談・指導等を受けていない不登校児童生徒数の割合　・不登校特例校の設置数　・夜間中学の設置数　・日本語指導が必要な児童生徒で指導を受けている者の割合　・在留外国人数に占める日本語教育機関等の日本語学習者割合
８．生涯学び、活躍できる環境整備	○大学等と産業界の連携等によるリカレント教育の充実　○働きながら学べる環境整備　○リカレント教育のための経済支援・情報提供　○現代的・社会的課題に対応した学習　○女性活躍に向けたリカレント教育の推進　○高齢者の生涯学習の推進　○リカレント教育の成果の適切な評価・活用　○生涯を通じた文化芸術活動の推進	・この１年くらいの間に生涯学習をしたことがある者の割合　・この１年くらいの間の学修を通じて得た成果を仕事や職業の上で生かしている等と回答した者の割合　・国民の鑑賞、鑑賞以外の文化芸術活動への参加割合
９．学校・家庭・地域の連携・協働の推進による地域の教育力の向上	○コミュニティ・スクールと地域学校協働活動の一体的推進　○家庭教育支援の充実　○部活動の地域連携や地域クラブ活動への移行に向けた環境の一体的な整備	・コミュニティ・スクールを導入している公立学校数　・学校に対する保護者や地域の理解が深まったと認識する学校割合　・コミュニティ・スクールや地域学校協働活動の住民等参画状況
１０．地域コミュニティの基盤を支える社会教育の推進	○社会教育施設の機能強化　○社会教育人材の養成・活躍機会拡充　○地域課題の解決に向けた関係施設・施策との連携	・知識・経験等を地域や社会での活動に生かしている者の割合　・社会教育士の称号付与数　・公民館等における社会教育主事有資格者数
１１．教育DXの推進・デジタル人材の育成	○１人１台端末の活用　○児童生徒の情報活用能力の育成　○教師の指導力向上　○校務DXの推進　○教育データの標準化　○教育データ分析・利活用　○デジタル人材育成の推進（高等教育）　○社会教育分野のデジタル活用推進	・児童生徒の情報活用能力（情報活用能力調査能力値）　・教師のICT活用指導力　・ICT機器を活用した授業頻度　・数理・データサイエンス・AI教育プログラム受講対象学生数
１２．指導体制・ICT環境の整備、教育研究基盤の強化	○指導体制の整備　○学校における働き方改革の更なる推進　○ICT環境の充実　○教師の養成・採用・研修の一体的改革　○地方教育行政の充実　○教育研究の質の向上に向けた基盤の確立（高等教育段階）	・教員の在校等時間の短縮　・特別免許状の授与件数　・教員採用選考試験における優れた人材確保のための取組状況　・児童生徒１人１台端末の整備状況　・ICT支援員の配置人数　・大学における外部資金獲得状況　・大学間連携に取り組む大学数
１３．経済的状況、地理的条件によらない質の高い学びの確保	○教育費負担の軽減に向けた経済的支援　○へき地や過疎地域等における学びの支援　○災害時における学びの支援	・住民税非課税世帯等の子供の大学等進学率　・経済的理由による高等学校・大学等の中退者数・割合　・高等学校の学びの質向上のための遠隔教育における実施科目数
１４．NPO・企業・地域団体等との連携・協働	○NPOとの連携　○企業との連携　○スポーツ・文化芸術団体との連携　○医療・保健機関との連携　○福祉機関との連携　○警察・司法との連携　○関係省庁との連携	・職場見学・職業体験・就業体験活動の実施の割合　・都道府県等の教育行政に係る法務相談体制の整備状況
１５．安全・安心で質の高い教育研究環境の整備、児童生徒等の安全確保	○学校施設の整備　○学校における教材等の充実　○私立学校の教育研究基盤の整備　○文教施設の官民連携　○学校安全の推進	・公立小中学校や国立大学等の施設の老朽化対策実施率　・私立学校施設の耐震化率　・学校管理下における障害や重度の負傷を伴う事故等の件数
１６．各ステークホルダーとの対話を通じた計画策定・フォローアップ	○各ステークホルダー（子供含む）からの意見聴取・対話	・国・地方公共団体の教育振興基本計画策定における各ステークホルダー（子供含む）の意見の聴取・反映の状況の改善

ウェルビーイングの向上について（次期教育振興基本計画における方向性）

ウェルビーイングとは

○　身体的・精神的・社会的に良い状態にあることをいい、短期的な幸福のみならず、生きがいや人生の意義などの将来にわたる持続的な幸福を含む概念。

○　多様な個人がそれぞれ幸せや生きがいを感じるともに、個人を取り巻く場や地域、社会が幸せや豊かさを感じられる良い状態にあることも含む包括的な概念。

なぜウェルビーイングが求められるのか

○　経済先進諸国において、ＧＤＰに代表される経済的な豊かさのみならず、精神的な豊かさや健康までを含めて幸福や生きがいを捉える考え方が重視されてきている。

○　ＯＥＣＤ（経済協力開発機構）の「Learning Compass2030（学びの羅針盤2030）」では、個人と社会のウェルビーイングは「私たちが望む未来（Future We Want）」であり、社会のウェルビーイングが共通の「目的地」とされている。

日本発・日本社会に根差したウェルビーイングの向上

日本の社会・文化背景を踏まえ、我が国においては、自己肯定感や自己実現などの獲得的な要素と、人とのつながりや利他性、社会貢献意識などの協調的な要素を調和的・一体的に育み、日本社会に根差した「調和と協調」に基づくウェルビーイングを教育を通じて向上させていくことが求められる。

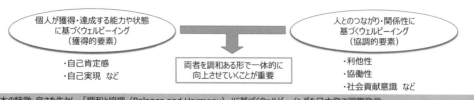

⇒日本の特徴・良さを生かし、「調和と協調（Balance and Harmony）」に基づくウェルビーイングを日本発で国際発信
【例：インドネシアG20教育大臣会合・議長サマリー】
（略）to work towards the achievement of balanced and harmonious oriented well-being and universal quality education by 2030.

教育とウェルビーイング

・不登校やいじめ、貧困など、コロナ禍や社会構造の変化を背景として子供たちの抱える困難が多様化・複雑化する中で、一人一人のウェルビーイングの確保が必要
・子供・若者に、つながりや達成などからもたらされる自己肯定感を基盤として、主体性や創造力を育み、持続可能な社会の創り手を図る必要
・地域における学びを通じて人々のつながりやかかわりを作り出し、共感的・協調的な関係性に基づく地域コミュニティの基盤を形成

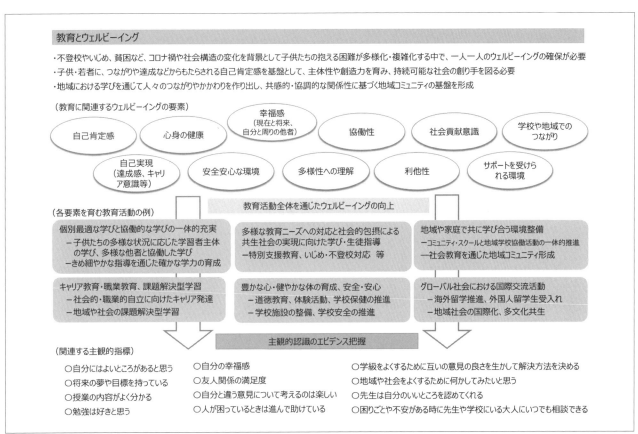

教師のウェルビーイング、学校・地域・社会のウェルビーイング

子供たちのウェルビーイングを高めるためには教師をはじめとする学校全体のウェルビーイングが重要。また、子供たち一人一人のウェルビーイングが、家庭や地域、社会に広がっていき、その広がりが多様な個人を支え、将来にわたって世代を超えて循環していくという姿の実現が求められる。

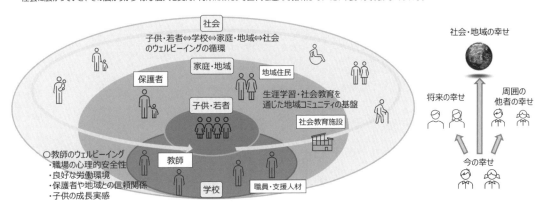

その他の留意事項

Q. 協調的幸福を強調すると、横並びの過度な同調主義につながるのではないか。また、自己肯定感の向上が軽視されないか。

A. 本計画に示した協調的幸福については、組織への帰属を前提とした閉じた協調ではなく、共創するための基盤としての協調であり、多様な他者と協働する開放的な協調であるという考え方に基づくものです。また、本計画において、自己肯定感の向上は引き続き重視しており、獲得的ウェルビーイングと協調的ウェルビーイングの双方がバランスよく育まれることが大切です。

Q. ウェルビーイングと学力はどのような関係に立つのか。

A. ウェルビーイングと学力は対立的に捉えるのではなく、個人のウェルビーイングを支える要素として学力や学習環境、家庭環境、地域とのつながりなどがあり、それらの環境整備のための施策を講じていくという視点が重要です。また、社会情動的スキルやいわゆる非認知能力を育成する視点も重要です。

（参考）OECDによる子供のウェルビーイングの構成要素

〇子供が生活する家庭のウェルビーイングの条件（物質的側面、家庭環境）

・所得と資産　・仕事と報酬　・住居　・環境の質

〇子供に特有のウェルビーイングの条件

・健康状態（乳児死亡率、青少年の自殺率など）　・教育と技能（PISA調査の得点など）　・市民参加（投票の意思など）

・社会と家庭の環境（親とよく話す生徒、学校が好きな生徒など）　・生活の安全（いじめなど）　・主観的幸福（生活満足度）

（出典）OECD「How's Life Measuring Well-being」

OECD Child Well-being Dashboardにおける日本の子供たちの状況

指標分野	指標	日本の結果
物質的な状況	家庭にインターネット環境がない子どもの割合	中
身体的な健康状況	乳幼児の死亡率	高
認知的・教育状況	10歳程度の子どもの数学・科学のトップ学力層の割合	高
	15歳程度の子どもの読解力・数学・科学のトップ学力層の割合	高
	高等教育を修了することを希望する子どもの割合	中
	子ども・若者のうちニートの割合	高
社会・情緒的な発達の状況	①自己有用感がある子どもの割合 「困難に直面したとき、たいてい解決策を見つけることができる」	低
	②成長意欲がある子どもの割合 「自分の知能は、自分ではほとんど変えることができないものである」	高
	③人生に意義や目的を感じている子どもの割合 「自分の人生には明確な意義や目的がある」	低
	④全体として人生に満足していると感じている子どもの割合 「全体として、あなたはあなたの最近の生活全般に、どのくらい満足していますか」	低

※①③は「その通りだ」「全くその通りだ」と回答した割合。②は「その通りでない」「全くその通りでない」と回答した割合。④は「0（全く満足していない）～10（十分に満足している）」の回答結果。

（出典）OECD「Child Well-being Dashboard」、PISA2018生徒質問調査

 国際的な比較調査では我が国の子供たちのウェルビーイングは低いとの傾向が報告されることがある

※自尊心や自己効力感が高いことが人生の幸福をもたらすという獲得的幸福感に基づく尺度

（参考）ウェルビーイングに関する国際比較調査

人生の満足感尺度

【項目例】
・私の人生は、とてもすばらしい状態だ。
・大体において、私の人生は理想に近いものである。　⇒獲得的幸福
・これまで私は望んだものは手に入れてきた。

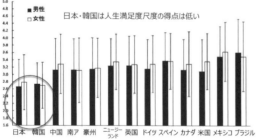

協調的幸福感尺度

【項目例】
・自分だけでなく、身近なまわりの人も楽しい気持ちでいると思う
・大切な人を幸せにしていると思う　　　　　　　　⇒協調的幸福
・平凡だが安定した日々を過ごしている

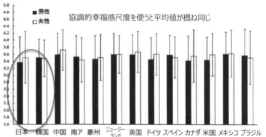

（出典）人生の満足感尺度：Diener et al.(1985)、協調的幸福感尺度：Hitokoto & Uchida (2015)、幸福感の国際比較研究：子安ら（2012）

OECDラーニング・コンパス（学びの羅針盤）2030

OECDラーニング・コンパス（学びの羅針盤）2030は、OECD Future of Education and Skills 2030プロジェクト※の成果であり、教育の未来に向けての望ましい未来像を描いた、進化し続ける学習の枠組みです。教育の幅広い目標を支えるとともに、個人のウェルビーイングと集団のウェルビーイングに向けた方向性を示しています。

※2011年にOECDと日本で開始した「OECD東北スクール」事業を多国間の枠組みに発展させ、2030年以降の未来を形作るため生徒に求められるコンピテンシーを明確化するとともに、このコンピテンシーを育む教師の資質や教育環境等を検討することを目的としたOECDの事業。

その構成要素には、学びの中核的な基盤、知識、スキル、態度と価値、より良い未来の創造に向けた変革を起こすコンピテンシーや、見通し(Anticipation)・行動(Action)・振り返り(Reflection)のAARサイクルが含まれます。また、ラーニング・コンパスは、生徒が周囲の人々、事象、状況をより良いものにすることを学ぶ上で、責任ある有意義な行動を取るための方向性を決めるために生徒が使うことができるツールであることから、生徒エージェンシーは、ラーニングコンパスの中心的な概念です。

学びの中核的基盤

カリキュラム全体を通して学習するために必要となる基礎的な条件や主要な知識、スキル、態度及び価値観を指します。

より良い未来の創造に向けた変革を起こすコンピテンシー

新たな価値を創造する力、責任ある行動をとる力、対立やジレンマに対処する力は未来を形づくり、そこで活躍するための必要な能力です。

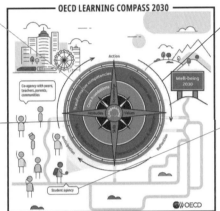

見通し・行動・振り返りサイクル

学習者が継続的に自らの思考を改善し、集団のウェルビーイングに向かって意図的に、また責任を持って行動するための反復的な学習プロセスです。

生徒エージェンシー

生徒が教師の決まりきった指導や指示をそのまま受け入れるのではなく、未知なる環境の中で自立で歩みを進め、意味のある、また責任感を伴う方法で進むべき方法を見出す必要性が強調されています。

OECD「Conceptual learning framework LEARNING COMPASS2030」(2019年5月)をもとに作成

OECDのウェルビーイング指標

OECD「How's Life Measuring Well-being」（ヘッドライン指標）	
所得と資産	家計の調整純可処分所得 家計の純金融資産
仕事と報酬	就業率（15〜64歳人口に占める就業者の割合） フルタイム雇用者の平均年間報酬 失業可能性（年間失業流入率） 長期失業率（労働力人口に占める1年以上の失業者の割合）
ワーク・ライフ・バランス	長時間労働（日常的に週50時間以上働く雇用者の割合） レジャーとパーソナルケアの時間（フルタイム就業者が1日に費やす時間）
住居	1人当たり部屋数 住居費（可処分所得に占める住宅の取得・維持に関する費用） 基本的な衛生設備の欠如（世帯専用の屋内水洗トイレのない住宅に住む割合）
環境の質	水質に他する満足度 大気中のPM2.5への年間曝露量（1㎥当たりμg数）
健康状態	出生時平均余命 主観的健康状態
教育と技能	学歴（25〜64歳における後期中等教育以上の修了者割合） PISAの平均スコア PIAACの平均習熟度
市民参加とガバナンス	投票率
社会とのつながり	社会的ネットワークによる支援（いざというときに頼りになる身内や友人がいると回答した人の割合）
生活の安全	暴行死率（人口10万人当たり） 自己報告による暴行被害率
主観的幸福	生活満足度

OECD「How's Life Measuring Well-being」 （子どもの幸福を構成する側面と指標）	
子どもが生活する家庭の幸福条件（物質的側面、家庭環境）	
所得と資産	子どものいる世帯の可処分所得 子どもの所得貧困
仕事と報酬	就業者がいない世帯の子ども 親が長期失業者である子ども
住居	子どもの1人当たりの平均部屋数 基本的な衛生設備を欠く住居に暮らす子ども
環境の質	環境条件が劣悪な住居に暮らす子ども
子どもに特有の幸福条件（子ども主体の幸福因子）	
健康状態	乳児の死亡率 低出生体重児率 自己報告による健康状態 過体重と肥満 青少年の自殺率 十代の出産率
教育と技能	PISA読解テストの平均得点 PISA創造的問題解決テストの得点 就労、就学、職業訓練のいずれも行っていない若者 教育的は奪
市民参加	投票の意思 市民活動への参加
社会と家庭の環境	親とよく話す生徒 友人が親切な生徒 学校の勉強を負担に感じる生徒 学校が好きな生徒 PISAの帰属意識指数 親と過ごす時間
生活の安全	子どもの殺人率 いじめ
主観的幸福	生活満足度

【OECD「How's Life Measuring Well-being」（幸福度白書）における指標の選択基準】①表面的妥当性をもつこと、②成果を対象とすること、③変化に敏感であり政策介入に対する感度が高いこと、④関連文献で一般に用いられ認められていること、⑤各国間の比較が可能であり、多くの国を網羅していること、⑥適切な頻度やタイミングで収集されること

（OECD幸福度白書2015に基づいて文部科学省作成）

[出典] https://www.mext.go.jp/kaigisiryo/2019/09/1421377_00043.html

『教育実践ライブラリ』(全6巻)
〈特集〉〈実践先進校レポート〉〈未来を切り拓く総合的学習〉目次総覧
令和4（2022）年5月〜令和5（2023）年3月刊

教育実践ライブラリ Vol.1

特集：個別最適で協働的な学びをどう実現するか〜令和の授業イノベーションを考える〜

教育実践ライブラリ Vol.2

特集：GIGAの日常化で変わる授業づくりの今とこれから

◆基調論文

○GIGAが日常化した段階における学びとは／**中川一史**

◆論 考

○GIGA日常化時代の授業づくりと子どもの資質・能力の育成／**小林祐紀**

○GIGAスクール構想1年でわかってきた教師が取り組みやすいICT環境／**佐藤和紀**

○従来の授業力とICT活用指導力の融合を図る教員研修／**北澤　武**

◆セッション

○子どもたちの意味や価値をつくりだす喜びを支えるICTの活用—図画工作科の表現活動を例に／**山田芳明**

○1人1台端末を活用した家庭科の授業実践／**熊本県山江村立万江小学校・山田小学校**

○創造性を育む学びの実現—特別活動と家庭学習を連動させて／**千葉県柏市立手賀東小学校**

○持ち帰りを活用し、先生が教える授業から子供が学び取るための学習指導へ／**仙台市立錦ケ丘小学校**

○校内研究を核にした教員研修で、ICT活用技能格差を解消／**東京都中央区立阪本小学校**

○子どもが「学びとる」授業への転換—子どもたちの創造力が発揮できる学びへ／**熊本市立龍田小学校・熊本市教育センター**

◆提 言

○学習者中心の学習になぜICTは必要か／**寺嶋浩介**

実践先進校レポート

○まち一丸、次代の学びを創る「白老未来学」の挑戦／**北海道白老町立萩野小学校・白老町教育委員会**

未来を切り拓く総合的学習

○地域や仲間、多様な他者と心を通い合わせる探究的な授業づくり／**愛知県安城市立安城東部小学校**
〈コメント：**加納誠司**〉

$\mathcal{L}$

教育実践ライブラリ Vol.4

特集：一人一人に届くきめ細やかな教育相談——「メソッド」から「レシピ」への転換

◆基調論文

○生徒指導提要改訂を踏まえたこれからの教育相談の在り方／有村久春

◆論 考

○問題予防・発見時における丁寧なアセスメント—ネットワークとフットワーク／石川悦子

○授業に生かす教育相談／柳沼良太

○チームで実現する多様な子供を誰一人取り残さない支援／山田真紀

○問題が起こらない日常をつくる教育相談活動／藤平 敦

◆セッション

○はじめの一歩を大切にするアセスメントの実際—「できない理由」を探すことから、「今できること」を探す教育相談体制づくりへ／東京都調布市立杉森小学校

○教育相談の「見方・考え方」を生かした学習指導／岐阜県岐阜市立長森南中学校

○「学級活動振り返りアンケート」を活用した生徒理解・教育相談活動／愛知県みよし市立三好中学校

○チームで協働的に支え合う教育相談の実践—「ひと・もの・こと」でつなぐ、動くチームづくり／岐阜県飛騨市立古川中学校

○校内の教育相談活動を活性化させるためのきっかけづくり／東京都江戸川区教育委員会

◆提 言

○生徒指導と教育相談が一体となったきめ細やかな支援のために／小野 憲

実践先進校レポート

○「セルフ授業」で子どもの主体性を引き出す授業づくりに挑戦／神奈川県横須賀市立長沢中学校

未来を切り拓く総合的学習

○思いや願いをもち、主体的に学ぶ児童を目指して／岩手県盛岡市立杜陵小学校〈コメント：野口 徹〉

教育実践ライブラリ Vol.5

特集：評価から考える子ども自らが伸びる学び

◆基調論文

○指導要録が求める評価のあり方と授業改善─評価が変わる、学びが変わる／田中耕治

◆論 考

○令和の学びが目指す子供の姿／田村　学

○「個別最適な学び」と「協働的な学び」を生かす評価／石井英真

◆セッション

○多様な学習者に学力を育むパフォーマンス評価／奥村好美

○子どもが伸びる学びの指導に活かすポートフォリオ評価／佐藤　真

○自己評価・相互評価を「個別最適な学び」「協働的な学び」に活かす／根津朋実

◆提 言

○次代に求められる資質・能力の育成と学習評価─ラーニング・コンパス2030から考える／鈴木秀幸

実践先進校レポート

○「スタディ・ログ」を生かした「個別最適な学び」「協働的な学び」／福岡県筑後市立松原小学校

未来を切り拓く総合的学習

○ひとみ輝く子どもの学びを目指して～「9つの力」を育む単元づくり～／福島県福島市立福島第三小学校
　〈コメント：宗形潤子〉

教育実践ライブラリ Vol.6

特集：次代を見据えた学校経営戦略

◆基調論文

○ "令和の日本型校長像" を考える／**天笠 茂**

◆論 考

○次代につなげる校長の構想力／**寺崎千秋**

○「個別最適な学び」と「協働的な学び」の一体的な指導を推進するための校長の役割／**伏木久始**

○学び場としての学校を変える校長―人・モノ・コトを創る／**西郷孝彦**

○家庭・地域と共創する校長のセンスと人間性／**佐藤晴雄**

○学校のコンプライアンスを醸成する校長―当事者意識の醸成と研修による「学び」／**加藤崇英**

○学び続ける校長／**末松裕基**

◆レポート

○『熱中先生』を目指した教職人生に悔いなし（**吉新一之さん**）

◆提 言

○校長のリーダー学／**玉置 崇**

実践先進校レポート

○授業改善とカリキュラムマネジメントでめざす子供の姿を追究／**兵庫県姫路市立白鷺小中学校**

未来を切り拓く総合的学習

○いきいきと輝く自分づくりを目指す総合的な学習の時間／**福島県会津若松市立鶴城小学校**
〈コメント：**藤井千春**〉

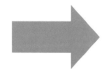

教育実践ライブラリ Vol.6
次代を見据えた学校経営戦略

令和5年4月1日　第1刷発行

編集・発行　株式会社 ぎょうせい

〒136-8575　東京都江東区新木場1-18-11
URL：https://gyosei.jp

フリーコール　0120-953-431

ぎょうせい　お問い合わせ　検索　https://gyosei.jp/inquiry/

〈検印省略〉

印刷　ぎょうせいデジタル株式会社　　　　　　©2023　Printed in Japan
※乱丁・落丁本はお取り替えいたします。

ISBN978-4-324-11134-5
(3100555-01-006)
〔略号：教実ライブラリ6〕

羽田空港（東京都）

遠方への旅に欠かせない空港。空港は飛行機に乗る場所であるが、それだけではもったいない。ターミナル内のグルメやショッピング、その土地ならではの仕掛けも注目されている。見逃せないのが展望デッキだ。中でも羽田空港はスケールが大きく、特に第一ターミナルの展望デッキには、ここでしか見ることができない光景が待っている。

写真・文／**中村 勇太**（夜景写真家）

なかむら・ゆうた／日本と台湾を取材する夜景写真家。日本夜景オフィス株式会社の代表取締役。カメラ雑誌などで夜景撮影テクニックの記事執筆、テレビやラジオの番組に出演し夜景の解説、ツアーにて夜景のガイド、夜景撮影教室にて夜景撮影のレクチャーなどの活動を行っている。自身が企画・運営している夜景情報サイトでは、「夜景で繋がる。旅が輝く。」をテーマに、日本全国、台湾の夜景スポット情報、夜景に関するニュースなどを配信している。

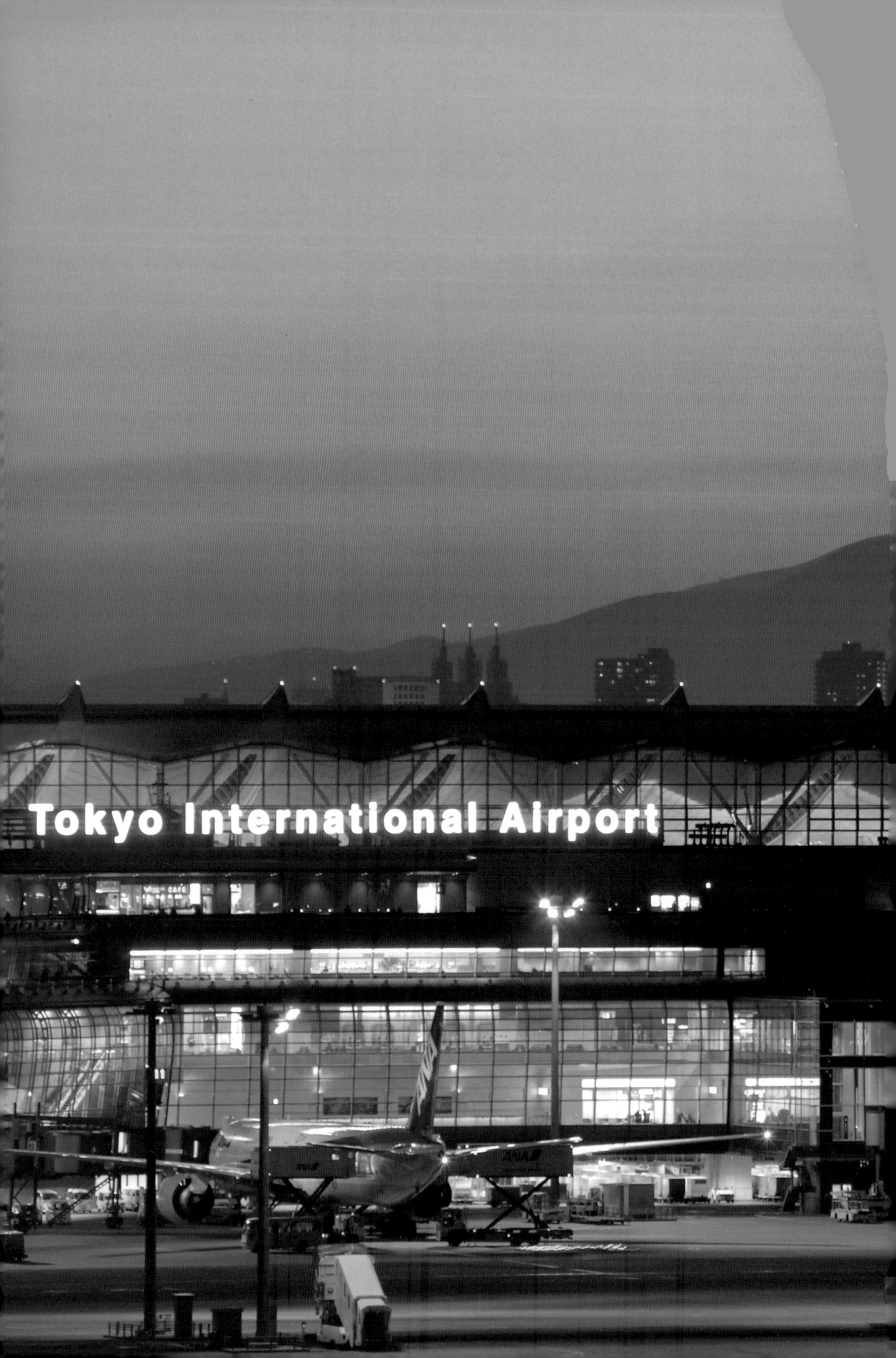
Tokyo International Airport